# A Criptomoeda Bíblia 2021-2022

Guia final para ganhar dinheiro; Maximizar os lucros Crypto com dicas de investimento e estratégias de negociação
*(Bitcoin, Ethereum, Ripple, Cardano, Chainlink, Dogecoin & Altcoins)*

Edição 3.0

EDITORA STELLAR MOON

# Isenção de responsabilidade



1

# Criptocomércio em 2021 & 2022

O comércio de criptografia para iniciantes está se tornando cada vez mais popular. A cada dia há mais pessoas que começam com a comercialização de criptografia. E isso não é estranho, porque há muito lucro a ser feito. Entretanto, é claro que você tem que fazer muito por isso. Você não pode se tornar grande com o comércio criptográfico sem algum conhecimento. É por isso que neste livro explicamos a você exatamente o que você precisa saber se você ainda é um iniciante e quer começar com a comercialização de criptografia.

**O que é comércio criptográfico?**
Quando você quer investir seu dinheiro, você pode fazer isso de diferentes maneiras. Você pode optar por investir em ações, ou por exemplo, praticando o comércio Forex. Entretanto, cada vez mais comerciantes optam por investir seu dinheiro em algo diferente do Forex ou ações. De fato, investir em moedas criptográficas está se tornando cada vez mais popular.

O comércio de criptografia é o comércio de moedas criptográficas. O objetivo é comprar uma moeda criptográfica por uma quantia baixa, e depois vendê-la novamente por uma quantia maior. A negociação de moedas criptográficas está se tornando mais popular não apenas entre os jovens, mas também entre os comerciantes que normalmente só investiriam em ações.

Antes de poder comercializar criptográfico com sucesso, é importante aprender como funciona o mundo criptográfico. Você pode fazer isso fazendo um curso de treinamento em criptografia, ou lendo nossas dicas para iniciantes. É importante saber que estas são, naturalmente, dicas, e não podemos garantir que você realmente ganhará dinheiro com elas.

**Moedas criptográficas e fichas**
Há tanto moedas criptográficas quanto fichas. Entretanto, há uma grande diferença entre estes dois conceitos. Uma moeda criptográfica é, de fato, uma moeda que funciona em sua própria cadeia de bloqueio. Por exemplo, a moeda criptográfica do Ethereum é o Éter (ETH), e a moeda criptográfica da cadeia de bloqueio Bitcoin é a Bitcoin (BTC). Uma cadeia de bloqueio só pode representar uma moeda criptográfica.

Entretanto, várias fichas podem funcionar em uma cadeia de bloqueio. Uma ficha é algo que utiliza a tecnologia de outra cadeia de bloqueios. Por exemplo, há fichas que rodam na cadeia de bloqueio do Ethereum.

**Diferentes moedas criptográficas**
Existem diferentes tipos de moedas criptográficas. Naturalmente, a Bitcoin (BTC) é a primeira e a mais conhecida moeda criptográfica. Entretanto, há muito mais moedas do que apenas a Bitcoin, que chamamos altcoin (moedas alternativas).

Os altcoins mais conhecidos são Ethereum (ETH), Dogecoin (DOGE), Solana (SOL), Ripple (XRP) e, é claro, Cardano (ADA). Quando você é um iniciante, é importante que você saiba em qual moeda criptográfica você pode negociar. Portanto, faça muitas pesquisas sobre as moedas criptográficas que estão disponíveis. Na CoinMarketcap você pode encontrar todo tipo de informação como o preço da moeda Bitcoin (BTC) e alt coins.

**O mais recente Bitcoin Crash**

Não pode ter escapado da atenção de ninguém: O Bitcoin sofreu golpes pesados. Como qualquer mercado financeiro, o comércio de Bitcoin é liderado pela emoção.

Ou melhor, os investidores de moeda criptográfica são levados pela emoção e os recentes tweets do Elon Musk estão causando muito FUD ("Fear, Uncertainty, Doubt"). Completamente inesperado, ele atacou o Bitcoin sobre o consumo de energia fóssil e a pegada de carbono.

Apesar de esta história ter sido desmascarada muitas vezes, as pessoas são muito sensíveis a isto, e quando uma celebridade tão grande grita algo, a maioria das pessoas acredita imediatamente e o medo se junta em torno. O que isso significa para o preço do Bitcoin e outras moedas criptográficas?

A Stellar Moon Publishing compilou este livro para oferecer uma visão das melhores dicas e estratégias comerciais para 2021. Este livro foi escrito por um grupo de especialistas em moedas criptográficas. Com este livro, nos esforçamos para fornecer a você as melhores informações sobre comércio e investimentos em moedas criptográficas.

Assim como o preço do Bitcoin estava recentemente recuperando o medo e a deflação era significativa. A vantagem é que agora se destacam os níveis reais de suporte sólido. Apesar de todo o pânico: a barreira de 30.000 dólares parece não ser quebrada tão cedo. Nem mesmo Elon pode quebrá-la tão longe!

E o bitcoin teve uma grande recuperação depois disso, com muitas notícias positivas que o respaldam, teremos uma breve visão geral do que essas notícias implicam e como elas podem influenciar o futuro do bitcoin e das moedas criptográficas.

**Mais previsões para o futuro**

6

O estrategista do mercado de ações Tom Lee, do asset manager Fundstrat, continua a acreditar na ressurreição do bitcoin. Em uma análise publicada na segunda-feira, Lee indicou que a principal moeda criptográfica poderia estabelecer novos recordes se a bolsa de valores assumisse a liderança com um rally renovado na bolsa de valores.

Lee mantém sua previsão de que o bitcoin poderá subir para um nível de $125.000 este ano. Na quarta-feira, o bitcoin citou um nível de $37.000.

Em meados de abril, o bitcoin atingiu um nível recorde de cerca de 65.000 dólares. Em maio, a moeda criptográfica voltou a cair para pouco mais de 30.000 dólares.

Lee acha que o bitcoin está "bottoming out". Ele deduz isso em parte do fato de que o preço do bitcoin quase não reage mais à cobertura de notícias negativas.

No mercado de ações, índices do mercado de ações como o amplo índice S&P 500 e o índice Dow Jones estão pairando contra níveis recordes recentes. "Se o S&P 500 atingir um novo recorde histórico, é óbvio que as ações criptográficas também estarão à procura de novos recordes", diz Lee.

A isto, Lee acrescenta em sua análise que novos registros para os principais índices de estoque não significam que o bitcoin irá imediatamente para o nível de registro antigo. Uma "consolidação" entre $35.000 e $60.000 é então inicialmente provável, escreve Lee.

"Veremos o bitcoin subir acima de US$125.000 antes do final do ano, mas ainda somos um pouco cautelosos no curto prazo. Uma vez que a bitcoin cita acima de $40.000, isso confirma a alegação de que o nível de $30.000 tem sido o mais baixo em 2021", conclui Lee.

**O dobro dos investidores de bitcoin em 2021**
Segundo o Crypto.com, havia 106 milhões de usuários/proprietários de moedas criptográficas no início deste ano. Isto é consistente com pesquisas anteriores da Universidade de Cambridge, que estimou o número de usuários de criptografia em 101 milhões após o terceiro trimestre de 2020, acima dos apenas 35 milhões de usuários em 2018.

Ao longo de 2021, as moedas criptográficas estão ganhando grande popularidade. Desde então, o número de usuários dobrou para 221 milhões em junho, diz o site Crypto.com. De acordo com a plataforma, diferentes fatores desempenharam um papel nos primeiros meses do primeiro semestre do ano do que no segundo:

Em janeiro e fevereiro, foi principalmente o Bitcoin que impulsionou a adoção do criptograma global. Ethereum (éter) é confirmado na pesquisa como o claro número dois, embora a uma distância considerável da Bitcoin.

Na primavera, foram principalmente os altcoins, as moedas alternativas menores, como o Dogecoin, que decolaram. Como resultado, a participação de mercado da Bitcoin afundou de 67% em janeiro para outros 51% no final de junho.

"Os prováveis eventos que impulsionaram a aceitação da moeda criptográfica foram a aceitação institucional maciça e a negociação cada vez mais fácil da moeda criptográfica, juntamente com o efeito de celebridade do Elon Musk", escreve Crypto.com.

# Tabela de Conteúdos

# Seu livro GRÁTIS

Se você quiser fazer um começo lucrativo no mundo da moeda criptográfica, certifique-se de baixar nosso bônus gratuito com **12 dicas extremamente valiosas para iniciantes!**

Com este livro e estas dicas, você terá a garantia de começar bem com seus investimentos futuros!

**Cadastre-se aqui para ter acesso instantâneo e dar o pontapé inicial para o sucesso de seu criptograma:**

https://campsite.bio/stellarmoonpublishing

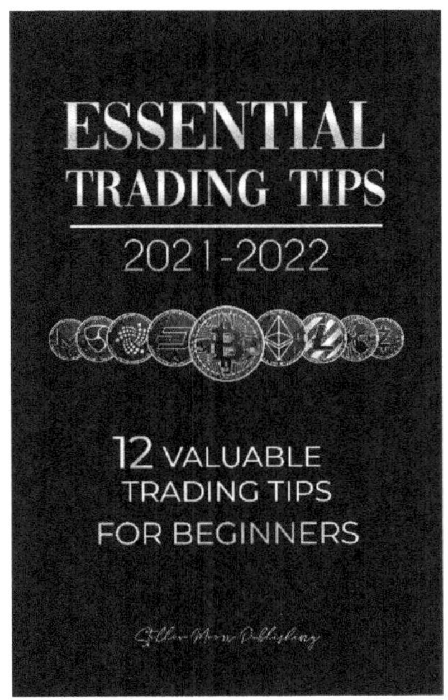

# Nosso Curso de Negociação de

# Especialistas em Cripto

*Você está procurando uma nova maneira de investir?*

*Você está procurando ganhar algum dinheiro?*

*Interessado em investir mas não sabe por onde começar?*

**Você quer iniciar suas negociações criptográficas com o conhecimento de especialistas de renome em finanças e investimentos?**

14

O Curso de Negociação Especializada em criptografia é o curso mais abrangente sobre negociação e investimento com moedas criptográficas. Você aprenderá como negociar em apenas alguns minutos por dia. Nós ensinamos tudo desde análise técnica, gerenciamento de risco, e muito mais.

**Nosso objetivo é ajudá-lo a tornar-se um comerciante de sucesso para que seu futuro financeiro possa ser seguro.**

Investir nunca foi tão fácil com nosso plano passo a passo que ensina os iniciantes a negociar como um especialista - com o potencial de obter enormes lucros!

A melhor parte deste curso é ensinada por especialistas. Então, do que você está esperando? Comece hoje mesmo!

**Para mais informações, visite este link:**

https://payhip.com/b/ork8N

# Nossos livros

Confira nosso outro livro para saber mais sobre NFTs, NFT trading and selling, como obter lucro e dicas e estratégias essenciais para um início à prova de falhas no universo NFT.

Junte-se ao exclusivo Stellar Moon Publishing Circle, você terá acesso imediato a **12 Dicas de Criptografia Extremamente Valiosas**!

Além disso, você também terá acesso instantâneo à nossa lista de correio com atualizações de nossos especialistas todas as semanas!

**Inscreva-se aqui hoje:**

# O futuro do Bitcoin em 2021

*Bitcoin sobe para $115.000 em agosto de 2021, Pantera espera*

O fundador e CEO da Pantera Capital, Dan Morehead, mantém sua previsão incrivelmente positiva para o bitcoin em 2021. Ele afirma que o bitcoin ainda está no caminho certo para se tornar $115.000 até agosto deste ano.

## Previsão de estoque para fluxo

Na versão de janeiro do correio Blockchain da Pantera, Morehead escreve que os movimentos de preços do bitcoin, embora atrasados em uma semana, estão procedendo exatamente como previsto com base na previsão de estoque a fluxo publicada no ano passado.

*O Bitcoin está no caminho certo com a previsão que compartilhamos em nossa correspondência de abril. Nossa análise foi baseada na comparação do declínio no fornecimento/fluxo de bitcoin em relação ao estoque pendente no momento de cada redução pela metade, e o impacto subseqüente no preço".*

## Recuperando o bitcoin

De acordo com as previsões do Pantera, o preço do bitcoin estava atrasado em até 15 semanas em julho de 2020. Em dezembro, o bitcoin começou a alcançar as previsões do Pantera e, em meados de janeiro, a principal moeda criptográfica atingiu o nono marco nas previsões do Pantera, após subir para 38.000 dólares.

Se o preço do bitcoin continuar a seguir suas previsões, a moeda subirá para $45.268 em 15 de fevereiro.

**Impacto da redução pela metade**

As previsões do fundo de investimento são feitas com base no ciclo de redução pela metade do bitcoin. Morehead diz que historicamente, o preço do bitcoin sempre sobe após cada redução pela metade. Metade ocorre a cada quatro anos.

Após a primeira redução pela metade em 2012, o fornecimento de bitcoin diminuiu um pouco mais de 15% em um período de 446 dias, enquanto as recompensas do bloco foram reduzidas pela metade de 50 para 25 BTC. Posteriormente, o mundo inteiro testemunhou um aumento de 9.212% no preço do bitcoin. Após a redução pela metade em 2016, o bitcoin aumentou em 2.910%.

Se o bitcoin seguir a trajetória prevista de Pantera, Morehead espera que a moeda criptográfica atinja o pico em agosto de 2021 com um valor de $115.212. Isso é um aumento de mais de 1,091%, depois de reduzir pela metade em maio de 2020.

Na stellar moon publishing, pensamos que este ano é possível um novo recorde para o bitcoin, mas é altamente improvável que isso aconteça até o final de agosto. É também quando este livro provavelmente será lançado, então veremos se a previsão de Pantera é verdadeira.

# Fundo Bitcoin ETF na Europa?

A Melanion Capital da França é a primeira festa na Europa a lançar uma ETF de bitcoin regulamentada pela Europa. O fundo de investimento baseado em Paris recebeu permissão dos reguladores franceses para lançar uma ETF que atende ao padrão europeu de OICVM.

OICVM significa Organismos de Investimento Colectivo em Valores Mobiliários e refere-se a uma estrutura legal construída para fundos de negociação em nível europeu. Os fundos que atendem ao padrão dos OICVM são considerados os mais seguros do continente e, portanto, são muito procurados pelos investidores. O que torna extra interessante o fato de Melanion estar saindo com um ETF bitcoin que atende ao padrão do OICVM.

O fundo deve rastrear uma cesta de 30 ações Pretende-se que o novo fundo de Melanion siga uma cesta de até 30 ações em diferentes setores que estão relacionados ao bitcoin. Aqui você tem que pensar nos mineiros de moedas criptográficas, mas também nas chamadas empresas de cadeia de bloqueio. Que, de acordo com Melanion, mostram até 90% de correlação com a bitcoin e, portanto, seguem em grande parte o preço da moeda criptocêntrica mais dominante.

"Ainda não vi nenhum fundo sob o guarda-chuva do OICVM que se concentre inteiramente em ativos digitais", disse o advogado Winston Penhall, da Keystone Law em Londres, ao Financial Times. Como os legisladores vêem o bitcoin e outras moedas criptográficas ainda não está claro em muitos casos, de acordo com Penhall, ele acrescentou a suas declarações.

Os fundos OICVM vendidos na Europa também são geralmente populares na Ásia e na América Latina. Globalmente, eles são vistos como o padrão ouro em termos de regulamentação de fundos. A maioria dos fundos europeus adere ao padrão OICVM, que oferece um alto nível de proteção aos investidores. Entretanto, as normas foram criadas há 30 anos e o bitcoin e outras moedas criptográficas obviamente não foram levadas em consideração na sua elaboração.

Regras que ainda não existem para incluir o bitcoin no fundo
Como resultado, a maioria dos legisladores nacionais interpreta as regras dos OICVM para significar que ativos digitais como o bitcoin não podem ser incluídos diretamente em um fundo. Isso torna praticamente impossível lançar um fundo OICVM que invista principalmente em bitcoin. "A maioria das portas das finanças tradicionais estão se fechando sobre o bitcoin. A ETF foi um enorme desafio por causa das sensibilidades e políticas que envolvem o bitcoin e o investimento no bitcoin", disse Jad Comair, CEO da Melanion.

Como resultado, Melanion usará a bitcoin ETF para investir principalmente em mineiros como Argo Blockchain e Riot Blockchain. Além disso, a empresa de investimentos Galaxy Digital de Mike Novogratz pode esperar investimentos e a corretora Voyager Digital também está na lista. As ações são consideradas com base na sensibilidade que mostram ao bitcoin. Quanto maior a correlação, maior é a probabilidade de serem incluídos.

Já existem vários produtos financeiros que rastreiam o preço do bitcoin, como o Wisdom Bitcoin ETP, que você pode comprar na Europa. Embora este seja um produto financeiro regulamentado, ele não atende ao padrão do OICVM e não pode colocar nele aquela etiqueta tão procurada. Como resultado, é improvável que muito capital seja capaz de investir em tais produtos de investimento porque eles oferecem proteção suficiente para os investidores.

# Bitcoin em El Salvador e no Banco Mundial

O Banco Mundial recusou-se a ajudar El Salvador a
integrar a Bitcoin em sua infra-estrutura financeira,
disse hoje um relatório sobre a Reuters.

O país centro-americano fez história na semana passada
quando aprovou um projeto de lei que tornou a Bitcoin
moeda corrente. Desde então, entretanto, várias
autoridades, incluindo o FMI, deram a idéia de água
fria.

Com o Banco Mundial também evitando a Bitcoin, fica
claro que os governos globais não estão a bordo com
liberdade financeira.

**O Banco Mundial diz não à Bitcoin**
O Banco Mundial disse que não ajudaria a
implementação do Bitcoin em El Salvador por causa das
"deficiências ambientais e de transparência" da
principal moeda criptográfica.

Um porta-voz do Banco Mundial confirmou que a
organização continua empenhada em apoiar El Salvador
de muitas maneiras para a transparência e a
regulamentação das moedas. Mas essa oferta não se
estende à assistência com a implementação da Bitcoin.

"Embora o governo tenha se aproximado de nós para
nos ajudar com o bitcoin, isto não é algo que o Banco

Mundial possa apoiar, dadas suas deficiências ambientais e de transparência", disse o porta-voz.

A resposta surgiu quando o ministro das finanças de El Salvador, Alejandro Zelaya, entrou em contato com o Banco Mundial para implementar o Bitcoin como uma moeda paralela ao dólar.

Nem Zelaya nem seus colegas responderam publicamente à decisão do Banco Mundial.

Entretanto, vários proponentes proeminentes da Bitcoin expressaram seus pontos de vista sobre o assunto. Anthony Pompliano implicou uma motivação cínica ao dizer: "CORRECÇÃO: O Banco Mundial não descobriu como ganhar dinheiro com o Bde ITCO. '

Enquanto que Max Keizer, fiel à forma, procedeu a usar a profanação para expressar seus pensamentos sobre o assunto. Mesmo acusando o Banco Mundial de cumplicidade na desigualdade financeira.

O Banco Mundial é uma organização financeira global composta por 189 países membros que fornecem empréstimos e doações a países empobrecidos para projetos de capital.

Tem dois objetivos, acabar com a pobreza de forma sustentável e promover a prosperidade compartilhada.

No entanto, em 2006, uma investigação de quatro meses do Projeto Governamental apontou corrupção no Banco Mundial.

O relatório estimou que mais de 20% dos empréstimos que eles fizeram, cerca de US$ 4 bilhões, foram manchados por práticas corruptas.

Os investigadores também descobriram vários outros problemas na organização, especialmente relacionados com a demora nas investigações internas. Por exemplo, uma estrutura que desestimula a denúncia de práticas corruptas com punição para os denunciantes.

Embora este relatório tenha 15 anos de idade, ele ainda destaca a falta de responsabilidade em órgãos intergovernamentais de alto nível.

# Bitcoin vindo para o Uruguai?

Há mais do que uma chance de que El Salvador tenha um sucessor na forma do Uruguai em termos de adoção de bitcoin como moeda corrente legal. De fato, um senador uruguaio introduziu uma lei que converteria as moedas criptográficas em moeda corrente no país sul-americano.

A lei apresentada na terça-feira pelo senador Juan Sartori tem como objetivo proporcionar segurança jurídica, financeira e fiscal para toda a indústria que envolve as moedas criptográficas no Uruguai. "Os ativos criptográficos serão reconhecidos e aceitos pela lei". Além disso, eles serão reconhecidos como moeda corrente", afirma a proposta.

As moedas criptográficas são uma oportunidade para a economia
Após apresentar a lei, Juan Sartori deixou escapar no Twitter, "As moedas criptográficas são uma oportunidade para atrair investimentos e criar empregos". Portanto, como El Salvador, o Uruguai vê a adoção do bitcoin como uma oportunidade de trabalhar em uma posição melhor economicamente. Para países cujas economias fracas e moedas nacionais os obrigam a escolher o dólar americano ou o bitcoin, certamente pode ser interessante ao menos tentar uma combinação.

O projeto de lei estipula que qualquer pessoa física ou jurídica pode receber ou enviar moedas criptográficas como moeda corrente. Tanto em seu próprio banco como em provedores de serviços criptográficos licenciados no Uruguai.

Se o projeto de lei chegar à linha de chegada, o governo apresentará uma "licença inicial" que deverá permitir que as empresas negociem moedas criptográficas nas trocas. Uma segunda licença deverá eventualmente permitir às empresas manter e armazenar moedas criptográficas. Uma terceira licença deverá permitir às empresas emitir suas próprias moedas criptográficas ou fichas. O que exatamente devemos esperar disto ainda não está totalmente claro.

## Qual é a probabilidade de que o projeto de lei seja aprovado?

Há mais freqüentemente políticos com planos selvagens que usam um projeto de lei para gerar atenção para sua própria campanha. Muitas vezes, estas figuras têm uma minoria política e não o poder de conseguir uma proposta através de todos os portões necessários. Entretanto, o mesmo não pode ser dito sobre Juan Sartori e seu Partido Nacional.

De fato, a coalizão em que Sartori e seu Partido Nacional estão tem uma maioria de 17 dos 30 assentos no Senado. Portanto, a Coalición Multicolor, ao longo da vida, tem o poder de levar a conta até a linha de chegada. Portanto, há certamente uma chance de que o

Uruguai se torne o segundo país depois de El Salvador a ter o bitcoin reconhecido como moeda corrente.

Passo a passo, os países da periferia do sistema financeiro começam a reconhecer o potencial econômico que o bitcoin representa para eles. Curiosamente, os países não precisam fazer tudo para se beneficiarem disso. Sem abandonar completamente o sistema convencional de uma só vez, eles têm a oportunidade de experimentar calmamente o bitcoin para ver o que ele faz pela economia. Como hodlers *(portadores de bitcoin de longo prazo)*, obviamente não dizemos não a este tipo de desenvolvimento.

# Bitcoin: vale mais de um milhão?

É melhor negociar ou hodl? Essa decisão depende inteiramente de você. Portanto, nesta análise, há algo para todos. Começamos com o curto prazo e depois olhamos para a perspectiva de longo prazo do bitcoin, com base no trabalho do analista Dave the Wave.

**A média se move de forma errada**
Começaremos com o curto prazo primeiro, e isso inclui as velas que representam um curto período de tempo. No quadro abaixo, cada vela representa 4 horas. A linha verde é a média móvel das 50 velas, portanto, de 200 horas. Este é um período relativamente curto e é por isso que este é um indicador tão importante para os próximos dias. Como você pode ver abaixo, o preço do bitcoin vem dançando nesta corda bamba há dois meses. Em várias ocasiões em julho, isto provou ser uma resistência que o bitcoin simplesmente não conseguiu superar, até 21 de julho.

O momento mudou e o preço violentamente quebrou a tendência de curto prazo. Os 50MA (média móvel) mudaram de um monstro inconquistável para uma zona de apoio. Enquanto isso, o 50MA se transformou novamente em uma linha de resistência e para que o bitcoin encontre seu caminho para cima, o 50MA deve ser quebrado a curto prazo.

**O longo prazo de Dave the Wave**

Há vários modelos para dizer algo sobre o longo prazo do preço do bitcoin. Os dois modelos do analista holandês PlanB são incrivelmente populares. Dave the Wave também oferece um modelo interessante, e seu trabalho é frequentemente visto como a contrapartida do que o PlanB criou. A tese de Dave é que Bitcoin segue seu modelo de curva de crescimento logarítmico. O crescimento logarítmico sugere ganhos exponenciais no início que diminuem lentamente no longo prazo.

Ele diz que se o bitcoin vale mais de 100 mil dólares em dezembro deste ano, então o modelo stock-to-flow permanece válido e sua curva de crescimento logarítmico é inválida. Se o bitcoin não atingir essa meta em dezembro, então o inverso obviamente se aplica. Dave continua dizendo que a bitcoin é uma moeda emergente, mas que o caminho para o sucesso não é todo ascendente. Ele prevê períodos de volatilidade em ambas as direções, pois novas pessoas adicionam liquidez, mas também a retiram novamente. Bitcoin está seguindo o caminho do ouro que foi capitalizado por centenas se não milhares de anos, Bitcoin já atingiu uma capitalização de mercado de $1 trilhão em apenas 12 anos".

Se o preço do bitcoin segue sua curva de crescimento logarítmico, o bitcoin pode esperar um preço entre 500 mil e 1 milhão de dólares em cerca de dez anos.

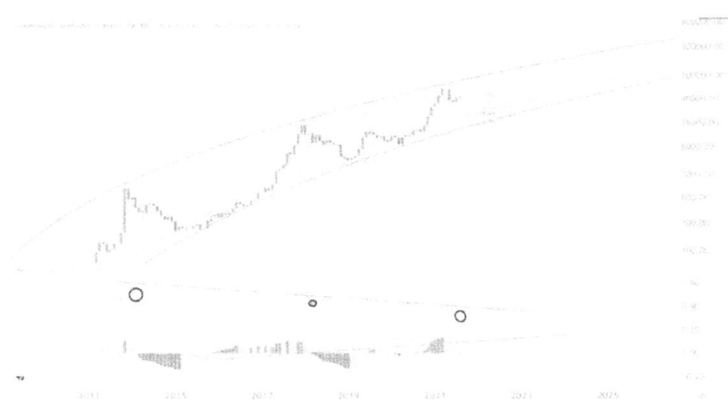

## Explicação de seu modelo

O que estamos vendo? Este é um gráfico que cobre quase todo o histórico de preços do bitcoin, cada vela representa 1 mês. A parte superior do gráfico mostra o preço e as linhas azuis inclinadas mostram a tendência. Ao longo de cada ciclo, Dave joga no indicador Fibonacci, que são aquelas linhas finas e retas com aqueles pequenos números.

A seqüência de Fibonacci é uma série de números que indicam uma progressão natural. Ela é comum na natureza e também é usada em muitos modelos matemáticos. A análise financeira também não lhe escapa. A série é muito simples. Comece em 0 e siga com 1, e mais adiante, agora cada número subseqüente é a soma dos dois anteriores. Como exemplo: 0, 1, 1, 1, 2, 3, 5, 8, 13, 21, e assim por diante.

Nos ciclos anteriores, o fundo estava no nível 0,618 de Fibonacci e deve ser alcançado antes que o bitcoin possa pensar em um novo nível sempre alto. Este nível não é arbitrário, mas é o topo do ciclo anterior (20 mil dólares). O bitcoin, de acordo com este modelo, descerá para este nível nos próximos meses.

Dave usa outro indicador para reforçar este modelo, a saber, o LMACD. Você pode ver isto no final do gráfico e é uma versão modificada do MACD, portanto também pode ser usado na escala Logarítmica (daí o L). A abreviação significa Moving Average Convergence Divergence (Divergência da Média Móvel de Convergência). Onde convergência e divergência são palavras bonitas para "convergente" e "divergente".

A linha azul neste caso é a LMACD e a linha laranja é chamada de linha de sinal. Portanto, a chave aqui é encontrar os momentos em que a linha LMACD e a linha de sinal divergem (divergência), ou convergem (convergência). Se a linha LMACD desce abaixo da linha de sinal, Dave acredita que isto sinaliza que o pico deste ciclo foi alcançado e que é um bom momento para vender. Por outro lado, é claro, se o LMACD azul subir acima da linha de sinal laranja, o fundo foi alcançado e o bitcoin pode esperar um aumento de muitos meses.

Os momentos em que as duas linhas se cruzam são
indicados por um círculo negro.

**O que você pode esperar do bitcoin?**
Assim, o modelo de Dave the Wave prevê que o pico
deste ciclo já foi e que o bitcoin vai descer para 20 mil
dólares nos próximos meses. É baixo no curto prazo,
mas alto no longo prazo.

# Estratégia a longo prazo para o bitcoin?

Então, o bitcoin teve outro surto recentemente e agora parece estar pegando seu fôlego com um preço acima de 35.000 dólares. Após meses de consolidação, a bitcoin parece estar pronta para a ação do preço verde novamente. É hora de pegar os dados da cadeia de bloqueio para ver como o mercado reagiu ao primeiro movimento positivo de preços em meses.

A primeira coisa a ser observada é o comportamento de venda dos hodlers *(detentores de bitcoin a longo prazo)*. Com o aparecimento de alguns castiçais verdes, será que eles viram sua chance de obter lucros ou estão se agarrando firmemente ao seu bitcoin? Além de analisar o sentimento dos caçadores *(portadores de castiçais de longa duração)*, nós também mergulhamos mais profundamente no número de caçadores de castiçais nas principais trocas, o que sempre nos dá uma imagem interessante.

**Os hodlers estão confiantes sobre o futuro?**
Após um longo período de resultados medíocres para o bitcoin, finalmente disparamos como um foguete na semana passada. A grande questão, é claro, é como este rally foi recebido pelos temperadores de bitcoiners. Parece que alguns dos caçadores usaram esta tendência de crescimento para obter lucros. De fato, mais de 1,5 bilhões de dólares de lucros foram liquidados na cadeia de bloqueio.

Contra esses mais de 1,5 bilhões de dólares de lucros realizados, houve também mais de 200 milhões de dólares de perdas realizadas. É interessante notar que a estatística aSOPR da Glassnode tem sido um bom preditor do preço das ações nos últimos tempos. Esta estatística mede a relação entre os ganhos realizados e as perdas no mercado de bitcoin que estão no mesmo endereço há mais de uma hora.

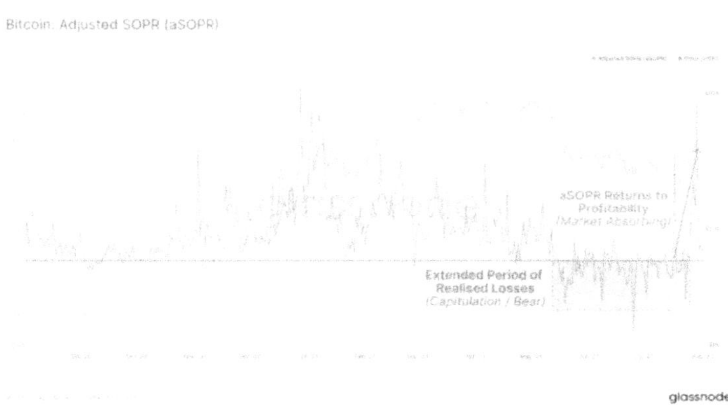


O valor aSOPR de 1 tem atuado como um bom nível de resistência nos últimos meses. Após o comício da semana passada, rompemos firmemente essa barreira. Agora, no que diz respeito ao aSOPR, dois cenários são possíveis. O primeiro cenário é que o valor de 1 agora se torna um nível de apoio, o que seria uma alta, e o outro cenário é que caímos no 1 e os ursos assumem novamente.

**O número de bitcoin nas trocas continua a diminuir**

Esta semana foi uma semana incomum quando se trata de saídas de bitcoin nas trocas. Na verdade, desde novembro do ano passado, não desapareceram tantas bitcoin das principais trocas como na semana passada. Na verdade, estávamos num ritmo em que cerca de 100.000 bitcoin por mês sairiam das trocas em direção às carteiras dos caçadores de galinhas.

No total, as principais trocas têm agora apenas 13,2% de toda a bitcoin em circulação em suas carteiras. Ao que se deve acrescentar também que muitos investidores varejistas se esquivam de sua bitcoin com uma troca. Nos últimos meses, o bitcoin nas principais plataformas de troca subiu, mas agora essa tendência se inverteu novamente.

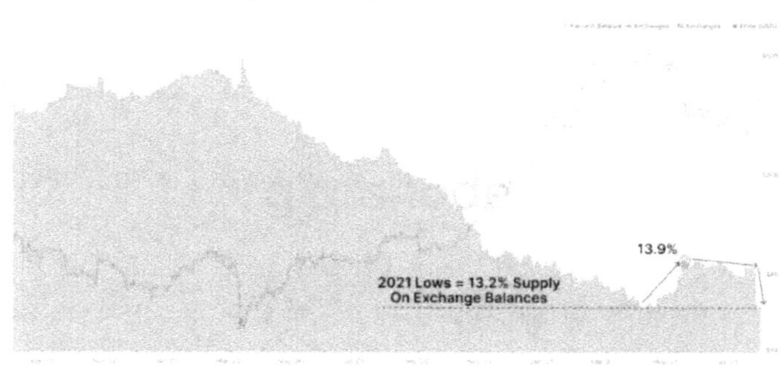



Outro fato interessante é a dinâmica entre a Coinbase e a Binbase. Para a grande maioria de 2021, Coinbase foi a troca com o maior fluxo de saída dos dois, e o Binance até mesmo experimentou entradas freqüentes. Agora, pelo menos para Binance, isso parece ter se revertido, já que a troca viu uma saída de cerca de 37.500 bitcoin esta semana. A Coinbase teve que se contentar com uma saída de 31.000 bitcoin. Está chegando outro aperto de fornecimento? Isso não seria uma coisa ruim!

# Como ficar rico com o bitcoin?

Em 10 anos, quase todas as bitcoins serão mineradas, o que significa que você pode precisar apenas de 0,022 BTC para ser considerado um rico fedorento. Isto é o que argumenta um escritor da Omgfin Exchange.

O investimento de 900 dólares é suficiente
Na taxa atual de bitcoin, uma compra de 0,022 bitcoin custa cerca de 900 dólares, dependendo do preço atual do curso, mas o escritor diz que as tendências atuais na distribuição global da riqueza e a inevitável oferta limitada de bitcoin poderia significar que isto poderia valer até um milhão no futuro.

A propósito, as opiniões estão divididas a esse respeito e não são realmente relevantes para o resto deste artigo. A propósito, o artigo foi baseado na situação do ano passado, vamos utilizar os últimos números conhecidos.

**Os milionários possuem 46% de toda a riqueza**
De acordo com o Global Wealth Report 2021 do Credit Suisse, existem 56,1 milhões de indivíduos com um patrimônio líquido de mais de 1 milhão de dólares. O índice leva em conta a riqueza de uma pessoa, assim como todos os ativos nos quais ela investiu, ao mesmo tempo em que subtrai dívidas e passivos.

Apesar de representar apenas 1% da população mundial (sem contar as crianças), os milionários possuem 46% da riqueza do mundo.

De acordo com a distribuição de riqueza individual do Credit Suisse, 215.300 pessoas valiam mais de 50 milhões. E destas, outras 68.010 pessoas valiam pelo menos 100 milhões, e 5.332 até mesmo tinham ativos de mais de 500 milhões de dólares.

**Distribuição justa do bitcoin**

Atualmente, há 18.775.881 bitcoins extraídos, o que significa que há mais 2.224.118 a serem extraídos. Em 10 anos, o fornecimento será de 20,6 milhões, ou 98% dos 21 milhões de moedas no fornecimento total. Além disso, leve em conta os 1,6 milhões de moedas (8,78% de acordo com o HodlWaves da Glassnode) que não foram tocadas por mais de uma década, o que na prática deixa um limite de 19 milhões de bitcoin para todos os milionários do mundo.

Então você acaba com 0,34 bitcoin por milionário, incluindo as moedas que ainda precisam ser cunhadas. Para esta experiência de pensamento, assumimos uma distribuição proporcional apenas entre os milionários.

Mas podemos apertar ainda mais isso. Se subtrairmos disso todas as bitcoins que não foram movimentadas por cinco anos ou mais, você fica com apenas 16 milhões de BTC. Neste cenário, cada um dos milionários do mundo poderia possuir apenas 0,37 bitcoin cada um.

Além dos verdadeiros milionários, existem 583 milhões de indivíduos com ativos entre US$ 100 mil e US$ 1 milhão. Estas pessoas não devem ser ignoradas como potenciais detentores, mesmo que seu poder aquisitivo seja menor.

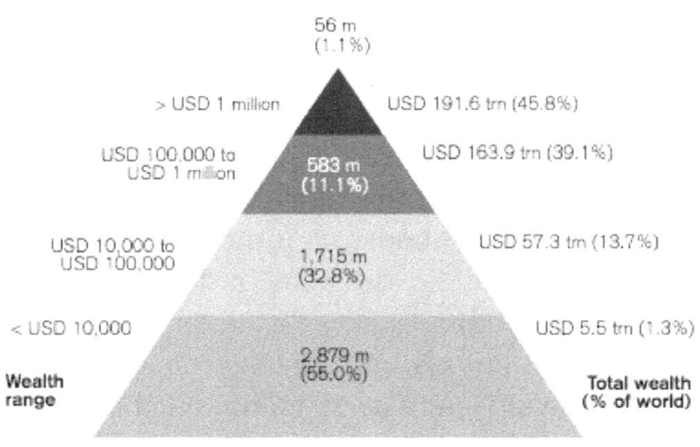


## Com base na distribuição de riqueza

Assumindo que a participação da riqueza global no gráfico acima permanece a mesma, os milionários representam 7,3 milhões de moedas (45,8%) do estoque total de bitcoin (menos as moedas perdidas). Há 56,1 milhões de milionários de acordo com o relatório, de modo que isto funciona a 0,13 bitcoin por milionário.

Os restantes 583 milhões de indivíduos que atualmente valem de 100 mil a um milhão poderiam efetivamente possuir outras 6,3 milhões de moedas.

Isso perfaz um total de 13,6 milhões de bitcoins, divididos pelos tonnners + milionários, você acaba com 0,022 bitcoin por indivíduo de rede alta.

O que você pode tentar concluir com esta experiência de pensamento? Que com um investimento de 900 dólares em bitcoin à taxa atual, você pode estar no topo da pirâmide do fiat.

# As melhores moedas criptográficas de 2021

## 1. Bitcoin

Sem dúvida, a Bitcoin tornou-se a moeda criptográfica mais popular e conhecida no mundo.

Muitos comerciantes e empresas já aceitam Bitcoin como pagamento. Por exemplo, a Bitcoin já é aceita como um meio de pagamento válido na Microsoft e no tipo Burger Kind.

Bitcoin visa remover o controle de organizações centrais, como bancos centrais e governos em sistemas de pagamento. Assim, cada transação é visível para todos.

Bitcoin é um grande projeto que equipes e desenvolvedores diferentes continuam a trabalhar. Um desenvolvedor pode fazer sua parte, participando de projetos de inicialização.

Neste livro discutimos as recentes notícias em torno do bitcoin e o que esperar para 2021, tudo e tudo isso faz um investimento muito sólido a longo e curto prazo.

Curto prazo para obter lucro com comércio ativo e longo prazo para garantir que uma parte de suas economias estará a salvo da inflação.

## 2. Ethereum

O Ethereum (ETH) é considerado a moeda criptográfica mais popular depois do Bitcoin.

O Ethereum tem algumas semelhanças com o Bitcoin, mas ele pode fazer ainda mais.

Nomeadamente, as transferências do Ethereum são mais rápidas do que as do Bitcoin e a tecnologia da cadeia de bloqueio do Ethereum pode lidar com mais transações.

Além disso, ao contrário do Bitcoin, o Ethereum também apóia a tecnologia do "contrato inteligente". Esta é uma forma segura de firmar acordos digitais sem primeiro construir uma confiança mútua. A Bitcoin está focada apenas em transações digitais.

Por último e mais importante, o Ethereum também pode criar aplicações centralizadas (dApps). Utilizando a tecnologia blockchain, estes dApps funcionam em uma plataforma descentralizada, sem autoridade central.

Por exemplo, serviços como o Facebook e o Whatsapp são centralizados. Portanto, suas mensagens estão sob o controle dessas autoridades. Com a dApps, este não é o caso.

O Ethereum também é visto como uma nova era da internet; uma internet que não é controlada por uma empresa ou pessoa e onde os usuários podem possuir seus próprios dados.

**Expectativa de preço Ethereum**

Estimar a expectativa de preço do Ethereum é difícil. No início do novo ano, o preço subiu em flecha, mas como Bitcoin, também caiu parcialmente novamente.

O Ethereum está atualmente em pleno desenvolvimento. O número de desenvolvedores e colaborações está crescendo rapidamente. Eventualmente isto pode significar que mais pessoas utilizarão o Ethereum, o que pode resultar em um aumento de preço. Se isto realmente vai acontecer, não sabemos ao certo.

Uma boa influência no preço será a atualização discutida no capítulo mais adiante no livro. aconselhamos a leitura para garantir que você possa fazer uma avaliação adequada sobre um investimento no Ethereum.

## 3. Cardano

Cardano é conhecida como a terceira geração da cadeia de bloqueio e foi fundada pelo co-fundador do Ethereum. Cardano é, portanto, muito semelhante ao Ethereum.

O objetivo da Cardano é realizar aplicações financeiras que podem ser utilizadas por milhões de consumidores no mundo inteiro, por exemplo, por empresas, consumidores e governos.

O Cardano é até agora a única moeda em que a cadeia de bloqueio foi desenvolvida, onde a pesquisa científica foi feita para ver onde se encontram os problemas na prática.

A cadeia de blocos foi construída por uma equipe de engenheiros e acadêmicos (especialistas do setor).

Cardano ainda se encontra em processo de desenvolvimento. Portanto, não vai acontecer em breve que você possa pagar com Cardano dentro de um ano.

Prova de Diferença de Estaca (Pos) e Prova de Trabalho (Pow)
Duas técnicas são utilizadas para validar as transações:

- Comprovação de trabalho
- Comprovante de participação

**Como funciona a Prova de trabalho?**
A pessoa que faz mais trabalho para resolver um problema recebe uma recompensa. Isto é chamado de mineração. Para validar as transações, os mineiros devem resolver um quebra-cabeça matemático. Com cada novo bloco, o quebra-cabeça se torna mais difícil e, portanto, mais energia é consumida.

*Exemplos: Bitcoin e Litecoin*

**Como funciona a Prova de participação?**
A pessoa com o maior número de moedas na rede valida as transações e recebe uma recompensa. Isto também leva em conta o tempo que os investidores têm em mãos as moedas. Não há mineração neste mecanismo, já que todas as moedas já foram criadas.

*Exemplo: Cardano*

A Cardano, ao contrário da Bitcoin, por exemplo, trabalha com o Proof of Stake (PoS). A grande vantagem disto é que é necessário muito menos poder de computação e, portanto, menos energia é consumida por transação. Como resultado, os custos de transação diminuem.

**As vantagens para Cardano**
**Adaptável** - Os ajustes podem ser feitos facilmente. Isto permite que a tecnologia por trás do Cardano seja melhorada relativamente rápido.

**Cooperação regulatória** - Cardano tenta levar em conta a regulamentação em diferentes países.

**Plano futuro apertado** - Em 2021, há muitos projetos planejados para esta empresa; melhorando contratos inteligentes, adicionando escalabilidade e melhorando a tomada de decisões.

**Desvantagens de Cardano**

O projeto ainda está em desenvolvimento - não há muitas características disponíveis no momento. O projeto ainda tem que provar a si mesmo.

**Expectativa futura Cardano**
Também é difícil para Cardano estimar para onde está indo no futuro.

A maioria dos especialistas é positiva em relação ao futuro. De fato, a equipe Cardano continua a melhorar sua cadeia de bloqueio a um ritmo acelerado.

## 4. Moeda de Bingo
A Moeda Binance funciona de forma diferente de todas as outras moedas criptográficas mencionadas neste artigo.

A Moeda Binance é a moeda da popular plataforma criptográfica Binance. No Binance, você pode vender e comprar todas as moedas criptográficas conhecidas. Ao utilizar a Binance Coin na plataforma ao comprar e vender moedas criptográficas, você recebe um desconto. A Binance Coin foi lançada em julho de 2017 e é semelhante à Bitcoin.

**Benefícios da Moeda Binance**
Taxas de transação baixas - O uso da moeda de silo mantém o custo de suas transações baixo.

**Destruição de moedas** - De tempos em tempos, o depósito queima moedas. Isto significa que o

suprimento fica menor. Se a demanda crescer, o preço
da moeda cresce.

Dependendo da popularidade Binance - O valor da
moeda Binance depende da plataforma Binance.
Espera-se que o Binance continue a crescer nos
próximos anos, assim como o valor da moeda.

**Desvantagens da Moeda Binance**
O desconto desaparecerá no futuro - O silo anunciou
que o desconto nas taxas de transação desaparecerá
após 5 anos.

**Previsão de preço da Moeda de Postagem**
Uma previsão exata sobre a expectativa de preço ter
para a Binance Coin não pode ser feita.

Os especialistas acreditam que o preço da Moeda de
Binance aumentará significativamente nos próximos
anos devido à crescente popularidade da plataforma de
intercâmbio.

Você quer comprar a Binance Coin? Ao comprar, fique
sempre de olho em todas as notícias da Binance Coin
para qualquer desenvolvimento.

## 5. Polkadot

Polkadot foi fundada por Gavin Wood, co-fundador do
Ethereum. Foi uma reação ao lento desenvolvimento do
Ethereum e, portanto, ele iniciou a Fundação Web3.

O Polkadot é uma rede multicadeia compartilhada que conecta múltiplas correntes de bloqueio em uma rede unificada.

Isto permite que estas cadeias de bloqueio independentes compartilhem informações e transações. Os usuários podem assim combinar informações de diferentes cadeias de bloqueios.

O objetivo do Polkadot é realizar uma web totalmente descentralizada onde os usuários tenham total controle e propriedade de seus dados e identidade, em vez dos monopólios da Internet.

**As vantagens do Polkadot**
**Mecanismo exclusivo** - Polkadot se distingue através de um mecanismo compartilhado onde várias correntes de bloqueio independentes podem trabalhar em conjunto. Assim, aplicações do Ethereum, Bitcoin e Cardano, por exemplo, também podem ser utilizadas dentro do Polkadot.

**Partilha** - O processamento e verificação de transações não precisam ser aprovados por toda a rede, mas podem ser distribuídos por toda a rede. Isto torna as transações rápidas e baratas.

**Personalizável** - Cada blockchain pode ser personalizada e é fácil de atualizar. As equipes de desenvolvimento podem assim otimizar sua rede em termos de finanças, jogos, IoT, redes sociais, etc. Já 350 projetos estão construindo ativamente na rede.

**As desvantagens de Polkadot**
**Projeto jovem** - O Polkadot foi lançado em maio de 2020. Portanto, o projeto ainda não tem nem um ano de existência.

**O futuro de Polkadot**
Em apenas alguns meses, o Polkadot subiu relativamente rápido, só para cair drasticamente ao mesmo tempo.

Ainda assim, os especialistas acreditam que o crescimento continuará nos próximos anos, mas fazer uma previsão exata a longo prazo é difícil no mercado de moedas criptográficas.

# 6. Chainlink

Chainlink foi fundada em 2017 pela empresa fintech SmartContract. Chainlink quer tornar os contratos inteligentes disponíveis para todo o mundo.

Chainlink resolveu um problema com o qual o Ethereum se depara. O problema é que os dados externos não podem ser incorporados em um contrato inteligente.

Chainlink proporciona um elo entre os contratos inteligentes (acordos) e as plataformas de cadeias de bloqueios. Através de um oráculo, os dados externos ainda podem ser processados em um contrato.

Um oráculo envia dados externos (o que acontece no mundo real) para a cadeia de bloqueio, para que esses dados possam ser utilizados.

Chainlink já funciona com SWIFT, Gartner e Google.

As vantagens do Chainlink
**Posição única** - Não há outra moeda criptográfica que ofereça a mesma aplicação que o Chainlink.

**Adequado para todas as plataformas** - Funciona tanto com Bitcoin, Ethereum etc. Portanto, não importa qual moeda se torna a de maior sucesso.

**Conexão com o mundo real** - Chainlink lhe permite conectar o mundo real e contratos inteligentes.

**As desvantagens do Chainlink**
**Menos confiável** - Ao utilizar dados externos, a confiabilidade é comprometida. Isto porque o proprietário da fonte dos dados externos pode modificar os dados para influenciar o contrato.

Sucesso dependente de grandes empresas - Para que o projeto tenha sucesso, as grandes empresas devem fazer parceria com a Chainlink.

**Nenhum plano futuro** - A empresa não publicou um roteiro, portanto não está claro o que planejam fazer no próximo ano ou anos.

**O futuro do Chainlink**
Como outras moedas criptográficas, o preço do
Chainlink também subiu e caiu significativamente nos
últimos meses.

As expectativas de preço do Chainlink por parte dos
especialistas são positivas. Um especialista em moedas
criptográficas diz que o Chainlink pode valer até 100
dólares até o final de 2025.

## 7. Litecoin

A Litecoin existe desde 2012 e tem sido uma das 10
principais moedas criptográficas desde então. A Litecoin
foi fundada por um antigo funcionário do Google
Charlie Lee e é muito semelhante à Bitcoin.

O objetivo da Litecoin é fazer pagamentos mais rápidos
e baratos do que a Bitcoin. Como a Bitcoin, ela usa
tecnologia de cadeia de bloqueio que coloca bancos e
governos fora dos negócios quando se trata de
pagamentos.

A Litecoin, como a Bitcoin, também é aceita por
algumas empresas como meio de pagamento.

**Os benefícios da Litecoin**
**Descentralização** - As transações são armazenadas na
cadeia de bloqueio, assim como a Bitcoin. Assim, não há
uma autoridade central controlando a Litecoin.

**Transações rápidas** - Uma transação com a Litecoin ocorre após 2,5 minutos vs. 10 minutos com a Bitcoin.

**Transações baratas** - Além disso, a taxa média de transação é de $0,01. Em comparação, a Bitcoin tem taxas médias de transação de US$3.

**Adaptável** - As mudanças no protocolo podem ser feitas rapidamente.

## As desvantagens da Litecoin
**Usada na Teia Escura** - Litecoin é uma das moedas criptográficas mais usadas na Teia Escura. Este fato não é um bom marketing para a moeda.

O **proprietário da Litecoin vendeu todas as suas Litecoins** - Charlie Lee vendeu todas as suas moedas em dezembro de 2017, quando o preço era alto. Como resultado, a moeda criptográfica perdeu credibilidade por um tempo.

## O futuro financeiro da Litecoin
As expectativas quanto ao preço da Litecoin variam muito, mas quase todas são positivas. Como você pode ver, o preço da Litecoin aumentou significativamente nos últimos meses, e caiu significativamente novamente.

O preço da Litecoin é altamente dependente do preço da Bitcoin. O preço da Bitcoin está aumentando? Então há uma boa chance de que o preço da Litecoin também aumente.

## 8. XRP

O Ripple (XRP) se concentra em permitir pagamentos rápidos e baratos através de uma plataforma descentralizada.

É uma rede peer-to-peer para transferências internacionais de dinheiro e fornece às instituições financeiras um protocolo de pagamento digital.

Em vez de colocar os bancos fora dos negócios, na verdade, ela entra em colaborações com vários bancos e instituições financeiras. Um grande número de organizações já apoiou a Ripple, incluindo o Banco Santander e a American Express.

Ao contrário de outras criptos, a Ripple não funciona com a tecnologia de cadeias de bloqueio. A Ripple desenvolveu sua própria tecnologia para processar e verificar transações: Algoritmo de Consenso do Protocolo de Ondulação (RPCA).

Isto tem a característica de fazer transações relativamente baratas e consumir menos energia.

### As vantagens do Ripple

Transações instantâneas - A Ripple pode processar pagamentos em 5 segundos utilizando uma rede de servidores.

**Versatilidade** - A Ripple não está tentando substituir um sistema de pagamento, mas sim trabalhar com instituições financeiras. Assim, ele pode ser usado para trocar qualquer moeda, inclusive criptográfica.

**Taxas de transação extremamente baixas** - A taxa de transação de um pagamento é de $0,0001. Em comparação com outras moedas criptográficas, isto é extremamente barato.

**Destinado a instituições financeiras e bancos** - A tecnologia destina-se a introduzir um novo protocolo de pagamento digital, abordando os problemas dos sistemas de pagamento atuais.

### As desvantagens de Ripple
Os **grandes porta fichas têm muito poder** - a empresa possui até 70% das moedas, o que lhes dá uma posição de poder. Assim, eles podem, por si só, fazer o preço cair ou subir.

**Ação judicial em andamento contra a Ripple** - O resultado desta ação judicial pode ter um efeito importante sobre o preço da Ripple. Se houver um resultado negativo, isso pode até significar o fim do Ripple.

### O futuro financeiro da Ripple

Infelizmente, é impossível fazer uma previsão de preço do futuro para o Ripple ou outras moedas criptográficas neste mercado volátil.

As expectativas dos especialistas variam muito. A metade não prevê problemas e a outra metade vê o preço cair (mesmo a 0). O resultado do processo judicial terá um impacto sobre o preço. Este resultado é esperado antes de 16 de agosto de 2021.

# Bitcoin versus Ethereum

Qual é a diferença e qual a moeda criptográfica que tem o futuro mais promissor?

Anteriormente explicamos como o Bitcoin tem um tremendo potencial a longo prazo, mas como ele se mantém contra o número 2. Você deveria investir em ambas as moedas?

Bitcoin e Ethereum são as duas maiores moedas criptográficas em capitalização de mercado. Os co-investidores muitas vezes optam por manter apenas uma das duas em sua carteira. Apesar dessa abordagem, essas moedas criptográficas ainda são muito diferentes. Quais são as maiores diferenças? Por que as pessoas acreditam em uma, e não na outra?

Alguns poucos especialistas do setor lançam sua luz sobre o assunto.

**O bull-run do Ethereum no ano passado**

2021 provou ser até agora o ano do Ethereum. A segunda moeda criptográfica está se aproximando rapidamente da capitalização de mercado da Bitcoin. Por exemplo, com uma capitalização de mercado de US$ 501 bilhões, a moeda é mais valiosa do que o banco de investimento americano JP Morgan no momento em que foi escrita.

Ainda assim, o maior desafio da Bitcoin tem um longo caminho a percorrer se quiser superar a capitalização de mercado da Bitcoin (atualmente em $1 trilhão). Recentemente, 1 Bitcoin valeu 13,25 Ethereum.

# O que é exatamente o Ethereum?

A moeda Ethereum (ETH) é uma das moedas com maior capitalização do mercado. Uma alta capacidade de mercado geralmente indica que há muita fé em uma determinada moeda, e a moeda Ethereum, como a Bitcoin, tem muita fé.

Enquanto os investidores são céticos sobre o futuro da Bitcoin, o futuro da moeda Ethereum parece, por enquanto, ser brilhante. De fato, o preço da moeda Ethereum aumentou em mais de 3.000 por cento em 2017.

Naturalmente, a questão é sempre se ainda vale a pena investir nesta moeda virtual. Para poder responder esta pergunta por si mesmo, esta página explicará o princípio da moeda. Desta forma, você pode ter uma idéia do tipo de moeda e de como você vê o futuro do Ethereum.

**Em que se diferencia da Bitcoin?**

Onde Ripple, por exemplo, se concentra em fazer transações mais rápidas para o mercado financeiro, a moeda Ethereum se concentra no uso de aplicações. O princípio da tecnologia Ethereum é criar uma situação em que as aplicações possam ser utilizadas sem a intervenção de uma autoridade central. As aplicações que utilizam esta tecnologia também são chamadas de DApps (ou Aplicações Descentralizadas). A principal vantagem das aplicações que utilizam a tecnologia

Ethereum é que basicamente não há mais perda de dados, manipulação de dados, censura dentro da aplicação ou tempo de inatividade da aplicação.

O preço da moeda Ethereum é determinado por mais do que apenas a oferta e a demanda entre os investidores. O preço é muito mais dependente do uso que se faz dos DApps. Um grande número de empresas em todo o mundo apóia o conceito do Ethereum. Como resultado, não é surpreendente que o valor da moeda tenha aumentado drasticamente em 2017.

No mercado de moedas criptográficas, o Ethereum ainda é uma moeda relativamente nova. O preço do Ethereum tem aumentado constantemente desde sua criação em 2015. Em 2017, o preço do Ethereum aumentou em mais de 3.000 por cento. Este aumento foi facilmente explicado à medida que mais empresas internacionais manifestaram interesse no Ethereum.

Empresas multinacionais como a ING, Microsoft, BP e Deloitte, para citar algumas, já aderiram à Enterprise Ethereum Alliance (uma parceria fundada pela Ethereum). As maiores corporações do mundo estão cada vez mais interessadas em colaborar com a Ethereum. Quando mais grandes empresas que utilizam a rede Ethereum, mais confiança existe na moeda. Uma maior confiança, naturalmente, resulta em uma taxa de câmbio mais alta.

A compra de moedas Ethereum é semelhante à compra de Bitcoin. O Ethereum está ligado a todas as conhecidas "trocas de moedas criptográficas", tornando extremamente simples a compra da moeda com outras moedas criptográficas.

A compra do Ethereum é semelhante à compra do Bitcoin. O Ethereum está ligado a todas as conhecidas "trocas de moedas criptográficas", tornando extremamente simples a compra da moeda com outras moedas criptográficas.

As moedas Ethereum também podem ser adquiridas com dólares através de vários fornecedores internacionais. Como nem todas as trocas cobram uma taxa de transação razoável, é melhor ficar com as partes mais conhecidas. O truque para comprar moedas Ethereum é, naturalmente, esperar pelo momento certo para comprar. Muitos investidores compram as moedas quando elas estão prestes a cair de valor.

A moeda criptográfica do Ethereum é relativamente estável (até onde uma moeda criptográfica pode ser estável). Apesar do fato de a moeda ser relativamente estável, investir em moeda criptográfica é sempre arriscado.

Como resultado, só invista no Ethereum com fundos que você pode se dar ao luxo de perder. Muitas pessoas acreditam que é necessário comprar moedas Ethereum completas; no entanto, não é este o caso. Você também pode comprar uma meia moeda ou menos.

As moedas de etéreo podem ser depositadas usando uma carteira online ou offline. Para o depósito online das moedas Ethereum, você tem um grande número de fornecedores de carteiras online para escolher.

O Ethereum pode ser adquirido on-line através de trocas, como Binance. Como as moedas Ethereum têm um valor relativamente alto, mais pessoas estão optando por manter suas moedas seguras e protegidas off-line. Você também pode escolher entre uma carteira de hardware e uma carteira móvel.

**NFT e Ethereum**

Uma das razões pelas quais o Ethereum poderá ver um bom aumento de preço nos próximos anos é devido ao NFT (tokens não fungíveis).

Os NFTs tornaram-se extremamente populares em pouco tempo, inclusive entre os artistas que esperam ganhar um pequeno troco de bolso na época da coroação. Ou troco de bolso? Algumas artes NFT mudam de mãos para milhões.

A propaganda em torno de fichas não-fungíveis está atraindo os recém-chegados ao mundo criptográfico. Eles estão curiosos sobre o que são NFTs ou esperam se tornar ricos rapidamente através do comércio de arte digital.

As vendas da NFT passam principalmente sobre a plataforma Ethereum, como Bitcoin uma rede descentralizada baseada no conceito de cadeia de bloqueios. Mas só ter uma carteira digital cheia de éter - uma das moedas criptográficas mais populares - não o leva até lá.

Se você quiser ler mais sobre arte NFT e NFTs comerciais, você pode conferir nosso livro sobre o assunto.

**Resumo:**

- O Ethereum é uma plataforma descentralizada que utiliza a tecnologia da cadeia de bloqueio pioneira do misterioso Satoshi Nakamoto - um pseudônimo - criador do Bitcoin.
- Enquanto Bitcoin descobriu uma maneira de transferir valor digitalmente, diretamente de pessoa para pessoa, Ethereum está adotando uma abordagem diferente", escreve o site de nicho BTC.direct. Diz-se que a rede Ethereum é a base de um novo tipo de Internet. É importante ressaltar que o 'ecossistema Ethereum' serve como base para o desenvolvimento de aplicações descentralizadas (DAPPs) e contratos inteligentes.
- Os DAPPs seriam muito mais amigáveis à privacidade e seguros do que as atuais aplicações centralizadas da Internet. Eles também são incontroláveis.

**Como os grandes investidores do Ethereum vêem o futuro?**

**Tally Greenberg, chefe de desenvolvimento comercial da empresa de software Allnodes, tem o seguinte a dizer sobre o Ethereum:**

*A vantagem tecnológica e a utilidade do ecossistema Ethereum é muito maior do que a do Bitcoin, e acho que os investidores estão começando a ver isso também. Atualmente há mais de 75 bilhões de dólares investidos em projetos DeFi na cadeia de blocos Ethereum - há apenas um mês atrás, eram 40 bilhões de dólares. Apenas os contratos inteligentes apoiados pela rede oferecem infinitas possibilidades e devem ser suficientes para que o Ethereum tenha uma vantagem competitiva sobre o Bitcoin".*

**Steve Ehrlich, CEO e fundador da empresa de corretagem de moedas criptográficas Voyager Digital:**

*"Acredito que o Ethereum oferece melhores perspectivas devido a sua utilidade, funcionalidade e ecossistema". Os clientes da Voyager (corretor de ativos criptográficos, ed.) que possuem tanto Bitcoin quanto Ether começaram a deter mais Ether nos últimos meses. Estamos vendo também que nossos maiores investidores estão se tornando mais confortáveis com o perfil de risco/recompensa do Ether. A cadeia de bloqueio Ethereum está impulsionando o ecossistema mais desenvolvido para finanças descentralizadas e NFTs, que estão todos ganhando popularidade. O*

*Ethereum também receberá uma atualização - interestino- num futuro próximo".*

**"Há uma** *expectativa de que a ETH será reconhecida por investidores institucionais",* **diz Megan Kaspar, diretora administrativa da empresa de investimentos criptográficos Magnetic.**

*"O éter, acredito, ganhará tração. Quando os investidores tomarem consciência das oportunidades tecnológicas, os fluxos de capital mudarão para o Éter. A longo prazo, análises técnicas e fundamentais mostram que o Éter tem um potencial de ganho maior do que o Bitcoin. "*

## Qual é a diferença entre Bitcoin e Ethereum?

A rede Ethereum permite que os desenvolvedores construam suas próprias aplicações descentralizadas; Bitcoin não tem isto.

Outra diferença é que o criador do Ethereum é conhecido, enquanto que o do Bitcoin não é.

A oferta determina o preço do Bitcoin (ao contrário da moeda fiduciária, a oferta de Bitcoins é escassa e finita). Com o Ether, entretanto, há outros fatores em jogo: por exemplo, a rede permite que as empresas iniciantes emitam um token para seu próprio projeto de cadeia de bloqueio.

Neste momento, os investidores devem ter tanto o Bitcoin quanto o Ethereum em suas carteiras.

Bitcoin tem uma forte chance de permanecer como o principal ativo criptográfico do mundo, enquanto o Ethereum tem uma grande chance de se tornar a principal plataforma de desenvolvimento de software distribuído do mundo.

Como resultado, se você quiser obter o máximo de seu portfólio, **invista em ambos agora.**

# A atualização para o Ethereum em 2021

5 de agosto é a data: a tão esperada atualização da rede Ethereum será realizada. Inicialmente, isso deveria acontecer em 4 de agosto, mas o projeto foi adiado por um dia.

A atualização é denominada "London hardfork" e será realizada no bloco número 12.965.000 da cadeia de bloqueio Ethereum.

Algumas melhorias há muito esperadas, chamadas de Propostas de Melhoria Ethereum, serão implementadas. A mais conhecida delas é a controversa EIP-1559.

**Há quatro coisas que você precisa saber sobre a próxima atualização para a rede Ethereum.**

1. O EIP-1559 deve tornar os custos de transação mais previsíveis
Os custos de transação na rede Ethereum têm aumentado astronomicamente desde o início deste ano, em parte devido à crescente popularidade das finanças descentralizadas, ou DeFi. Isto substitui uma gama de instituições financeiras centralizadas e regulamentadas por sistemas e produtos descentralizados geralmente construídos sobre a cadeia de bloqueio Ethereum.

**Os desenvolvedores do Ethereum querem resolver o aumento dos custos de transação com uma série de mudanças.**

No sistema atual, os usuários têm de pagar uma taxa para que uma transação possa ser realizada. Eles decidem o valor dessa taxa (embora exista um valor mínimo). Quanto mais você paga, mais rápido a transação ocorre. Os usuários licitam uns contra os outros.

Isto pode levar a custos elevados, pois o valor do éter em euros ou dólares pode flutuar consideravelmente. Há algum tempo entre a colocação de uma transação e seu processamento. Se o valor do éter aumentou consideravelmente durante esse período, isso pode levar a custos imprevistos.

5 de agosto é a data: a tão esperada atualização da rede Ethereum vai em frente. Inicialmente, isso deveria acontecer em 4 de agosto, mas o projeto foi adiado por um dia.

A atualização é denominada "London hardfork" e será realizada no bloco número 12.965.000 da cadeia de bloqueio Ethereum.

Algumas melhorias há muito esperadas, chamadas de Propostas de Melhoria Ethereum, serão implementadas. A mais conhecida delas é a controversa EIP-1559.

1. O EIP-1559 deve tornar os custos de transação mais
previsíveis

Os custos de transação na rede Ethereum têm
aumentado astronomicamente desde o início deste
ano, em parte devido à crescente popularidade das
finanças descentralizadas, ou DeFi. Isto substitui uma
gama de instituições financeiras centralizadas e
regulamentadas por sistemas e produtos
descentralizados geralmente construídos sobre a cadeia
de bloqueio Ethereum.

**Os desenvolvedores do Ethereum querem resolver o
aumento dos custos de transação com uma série de
mudanças.**

No sistema atual, os usuários têm de pagar uma taxa
para que uma transação possa ser realizada. Eles
decidem o valor dessa taxa (embora exista um valor
mínimo). Quanto mais você paga, mais rápido a
transação ocorre. Os usuários licitam uns contra os
outros.

Isto pode levar a custos elevados, pois o valor do éter
em euros ou dólares pode flutuar consideravelmente.
Há algum tempo entre a colocação de uma transação e
seu processamento. Se o valor do éter aumentou
consideravelmente durante esse período, isso pode
levar a custos imprevistos.

Os desenvolvedores do Ethereum também estão trabalhando no chamado sharding: dividindo a cadeia de blocos em cadeias múltiplas. Isto deve aumentar muito a velocidade e a capacidade de transação da rede.

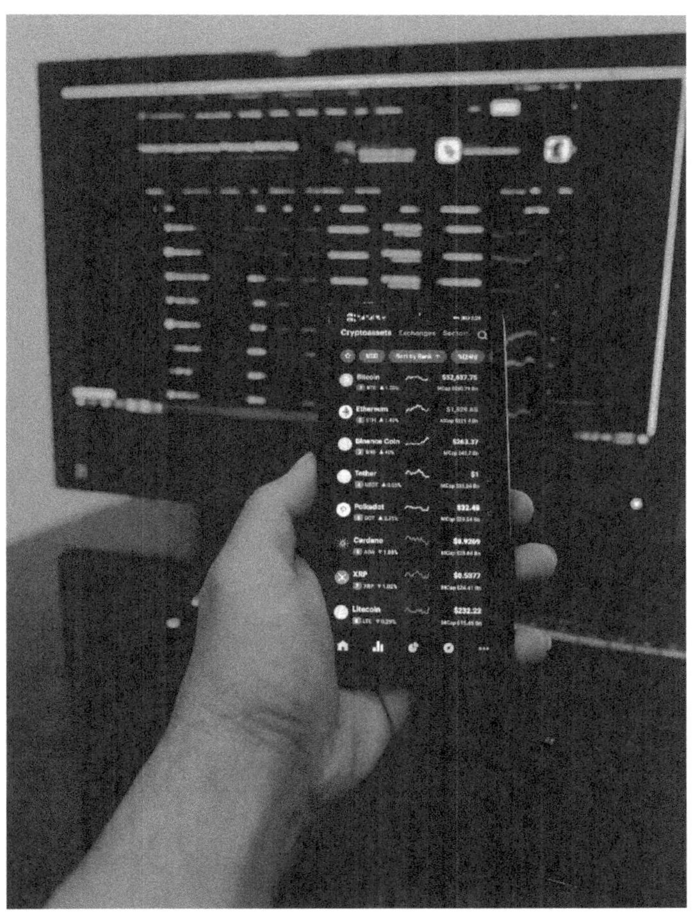

# Por que a Ripple chama a atenção?

Além da Bitcoin, há uma infinidade de outras moedas criptográficas que podem ser muito mais lucrativas em termos de retorno do que a conhecida Bitcoin. O Ripple (XRP), é uma das moedas criptográficas com um enorme limite de mercado. Desde o final de 2017, o preço da moeda Ripple subiu drasticamente, e continua a flutuar significativamente até hoje.

Você pode estar se perguntando: "A Ondulação é uma boa moeda para se investir"? A fim de dar uma resposta satisfatória, aprofundaremos em tudo o que diz respeito à Ondulação neste capítulo.

**O que é Ripple?**

Comecemos respondendo à pergunta: "O que é Ripple? As moedas criptográficas foram desenvolvidas na sequência da crise econômica, em parte para reduzir a influência dos bancos nas transações econômicas. Enquanto a maioria das moedas criptográficas ainda hoje baseiam seus perfis neste conceito, a moeda Ripple não o faz. O Ripple, por outro lado, é uma moeda centralizada destinada a permitir que as instituições financeiras (incluindo bancos) e as transações internacionais sejam concluídas mais rapidamente.

A Ripple já está trabalhando em uma solução de sistema de pagamento para grande parte do tráfego bancário do Santander, Reise Bank, BBVA, Bank of America, e UniCredit, entre outros. Eles já têm uma participação de 40% no sistema de pagamento para bancos na Ásia.

Espera-se que a tecnologia do Ripple desperte o interesse de um número crescente de bancos. Como resultado, espera-se que o número de bancos que irão utilizar esta tecnologia cresça rapidamente.

Naturalmente, "acelerar as transações internacionais" não parece muito claro neste momento. O princípio da tecnologia Ripple será explicado com mais detalhes usando um breve exemplo: Existe uma diferença de moeda quando um cliente quer fazer uma transação de um banco espanhol (por exemplo, Santander) para um banco americano (por exemplo, Bank of America).

O cliente espanhol transfere a quantia em euros, e esta chega em dólares no banco americano. Para realizar estas transações, o Santander Bank tem uma conta no Bank of America e o Bank of America tem uma conta no banco Santander, as chamadas contas nostro e vostro.

Fazer um pagamento espanhol a um banco americano leva muito tempo, devido aos muitos elos deste processo. O Ripple concentra-se em acelerar este processo, completando as transações em moeda corrente Ripple.

Fazer um pagamento agora não leva mais vários dias, mas apenas alguns segundos. Isto não apenas reduz os custos de transação para os bancos, mas os clientes dos bancos também podem concluir suas transações mais rapidamente.

75

# A ação judicial Ripple

A SEC entrou com um processo surpresa contra a Ripple e dois de seus executivos, o co-fundador Chris Larsen e o CEO Brad Garlinghouse, em dezembro. O regulador alega que continuar vendendo XRP a investidores individuais viola as leis de valores mobiliários.

A SEC espera fortalecer seu caso demonstrando que a Ripple manipulou propositalmente a expectativa de preço do XRP da moeda criptográfica com anúncios estrategicamente cronometrados.

Até agora, a análise da Larsen e Garlinghouse das carteiras criptográficas revelou que enormes quantidades de XRP foram entregues para trocas com base em solo estrangeiro. Entretanto, a Ripple "não entregou nenhum documento de conta de ativos digitais não baseado nos EUA ou de outra forma explicou o significado dessas transferências de XRP", de acordo com a carta da SEC.

"Embora a SEC também tenha tentado obter essas informações diretamente da Ripple, a Ripple informou recentemente à SEC que a Ripple também não as tem, deixando o único caminho para investigação offshore", explica a carta.

Entretanto, parece que as investigações não começaram bem, com pedidos a nove diferentes reguladores estrangeiros retornando de mãos vazias. De acordo com a carta, dois reguladores recusaram-se a ajudar, e outros três recusaram-se a permitir que a SEC publicasse suas comunicações. Apenas um regulador sugeriu que a SEC poderia usar conversas entre as duas partes para fortalecer seu caso.

Se o tribunal conceder a moção da Ripple, a SEC seria obrigada a fazer cessar e desistir dos pedidos aos reguladores estrangeiros, pondo um fim efetivo a esta linha de investigação.

11:20
Bitcoin
$36,588.28
-0.02%

# Qual é o preço do Ripple?

Agora que cobrimos os fundamentos e as recentes notícias em torno do processo contra a Ripple, vamos ao fundo da questão: Qual é o preço da Ripple? A Ripple foi fundada em 2012 com o objetivo de agilizar as transações financeiras. Embora o preço fosse inicialmente estável (baixo), ele aumentou significativamente desde o final de 2017.

A Ripple tornou-se uma empresa de um bilhão de dólares quase imediatamente como resultado do aumento de preços. Os proprietários da Ripple ainda administram uma grande parte da capacidade do mercado, de modo que o público tem apenas uma quantidade limitada da capacidade do mercado.

O aumento de preços pode ser explicado pelo fato de que a Ripple contraiu com vários grandes clientes no mundo financeiro. Estes incluem clientes como o Bank of America e o Royal Bank of Scotland. Além disso, a Ripple conta com o apoio de muitas empresas multinacionais, incluindo o Google. Em janeiro de 2018, o preço primeiro era de US$ 3,10 por Ripple.

O aumento de preço pode ser explicado pelo fato de a Ripple ter assinado contratos com uma série de grandes clientes financeiros. Os clientes incluem o Bank of America e o Royal Bank of Scotland. Além disso, a Ripple tem o apoio de muitas corporações multinacionais, incluindo o Google. Em janeiro de 2018, o preço era de US$ 3,10 por Ripple.

**Como comprar o Ripple**

Você já está um pouco animado? Então você deve estar se perguntando, onde posso comprar o Ripple? No início, era difícil comprar o Ripple com dólares ou euros. Felizmente, mais e mais opções para isso surgiram recentemente.

Ao comprar moedas Ripple com dólares, muitas vezes há taxas de transação altas. Portanto, é aconselhável primeiro converter os dólares para uma moeda digital mais comum (por exemplo, Bitcoin (BTC) ou Ethereum (ETH) e depois comprar as moedas Ripple através de uma troca como Binance.

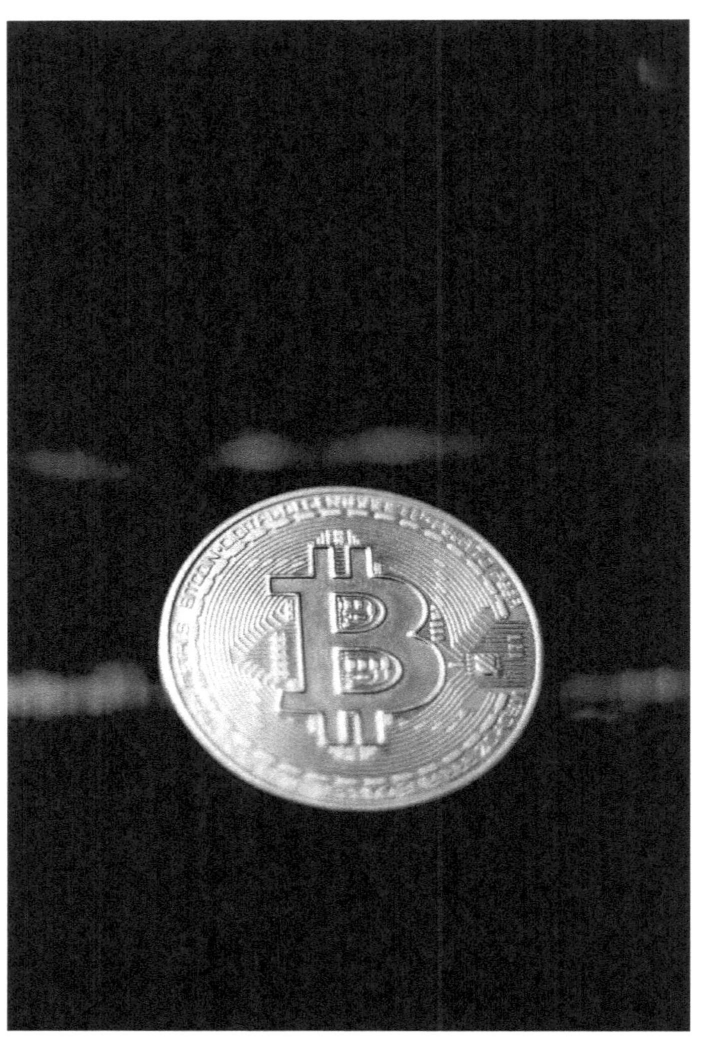

# Como desenvolver sua estratégia comercial

Como você deve desenvolver sua própria estratégia comercial Crypto? É claro que com a ajuda da Editora Stellar Moon! Uma boa estratégia de comercialização de criptografia lhe dá mão, foco, paz de espírito e não menos importante: uma deliciosa quantidade de lucro. Como suspeitamos que isto seja de interesse para muitos, hoje vamos analisar mais profundamente os elementos que determinam uma estratégia de negociação definitiva.

Não há uma estratégia comercial única que funcione para todos. Uma estratégia comercial só terá sucesso quando estiver perfeitamente sintonizada com você como pessoa, que tipo de comerciante você é, seu capital, seu perfil de risco, etc. É por isso que olhamos especificamente para os elementos subjacentes.

Desta forma, você chegará a uma estratégia de comércio criptográfico que combina de perto com você como pessoa, com todas as oportunidades e riscos que se adaptam a quem você é e que tipo de comerciante você quer ser. Ficou curioso? Vamos lá!

Atenção: tenha em mente que a seguinte explicação sobre o desenvolvimento de uma estratégia comercial Crypto e a explicação disso não deve, de forma alguma, ser interpretada como conselho.

A escolha de se e de que forma você quer trocar o criptograma e que escolhas você vai fazer em relação à compra e venda é com você e só com você.

## O que é exatamente uma estratégia de comércio criptográfico?

Uma estratégia de negociação criptográfica é um plano pessoal previamente elaborado com o qual você se compromete durante a negociação. Em resumo, são diretrizes ou regras, com as quais você se mantém enquanto negocia.

Ao fazer isso, você evitará saltos loucos, compras e vendas impulsivas, perdas significativas que você não pode cobrir, emoções que tomam conta de você e um sentimento de que você está "em todo lugar" com seus métodos comerciais.

Uma estratégia comercial não é apenas uma diretriz quando você quer tomar uma posição (comprar) ou fechar uma posição (vender), mas também se concentra em elementos muito menos tangíveis, tais como um perfil de risco pessoal ou preferência pessoal em relação aos prazos.

Mesmo assim, não é apenas o sentimento e a preferência que regem o poleiro. Pelo contrário. Muitos elementos de uma estratégia comercial de sucesso foram fundamentados em dados, números, análises, gráficos e modelos de previsão (e indicadores comerciais) sólidos como rocha. Então, você gosta de

análises estatísticas? Então você pode se divertir muito
colocando para baixo e optando por uma estratégia
comercial de sucesso.

**O que torna uma estratégia comercial bem-sucedida?**
A estratégia comercial final tem algumas características
extremamente importantes. Nós listamos algumas delas
para você.

**Uma estratégia comercial de sucesso:**

- está em dia
- é pessoal
- está de acordo com uma (correta) Análise
  Técnica (AT)
- se encaixa em seu perfil de risco

Temos certeza de que há mais características a inventar,
mas pode ficar claro que uma boa estratégia comercial
hoje, pode literalmente não valer nada amanhã.
Também pode estar claro que a estratégia comercial
que funciona fantástica para a primeira pessoa, mas
esta estratégia comercial não vai funcionar para outra
pessoa, porque você é um tipo completamente
diferente de negociador.

É por isso que também é arriscado investir (muito)
dinheiro para uma estratégia comercial de outra
pessoa, porque esta estratégia não leva em conta sua
própria situação e preferências. Você pode encontrar
inúmeros vídeos de daytraders (supostamente) bem

sucedidos, comerciantes forex e operadores de criptografia, que estão compartilhando sua estratégia comercial final com você no YouTube.

Às vezes por muito dinheiro, às vezes de graça. Às vezes como um especialista, às vezes como um hobby. O conselho gratuito não é necessariamente pior do que o conselho caro.

Mas você quer a melhor estratégia comercial que lhe convém tão bem e leva em conta tudo o que você quer colocar no comércio criptográfico e alcançar? Então você mesmo terá que investir tempo e energia. E muito honestamente: obter sucesso em algo que você mesmo construiu e inventou é o melhor sentimento do mundo. Mas quais são então elementos importantes em uma estratégia comercial de sucesso?

# Elementos-chave de uma estratégia comercial de sucesso

Nossos especialistas em criptografia geralmente aplicam estes 6 elementos-chave que, em nossa opinião, se encaixam em uma estratégia comercial de sucesso. Eles fornecem uma base sólida, são flexíveis e garantem um caráter dinâmico para que a estratégia comercial seja e permaneça sustentável. Vamos enumerá-los abaixo e depois os explicaremos brevemente.

1. **Regras comerciais**
2. **Gerenciamento de risco**
3. **Cronogramas de negociação**
4. **Análise Técnica (AT)**
5. **Testes de retorno**
6. **Reinventando a si mesmo**

## #1: Regras comerciais

Regras comerciais são regras que você impõe a si mesmo. Uma estratégia de negociação criptográfica bem sucedida se mantém ou cai com a disciplina que você subseqüentemente exerce, quer você se mantenha ou não fiel a essas regras. Se você perceber que não está cumprindo suas próprias regras, correrá um risco maior de receber surpresas e riscos que podem se tornar ruins. Com regras comerciais, você pode pensar nas seguintes regras, por exemplo:

*Nunca estou autorizado a ter mais do que X% do meu capital em posições abertas.*
*Diminuo esse percentual em X% depois de 3 negócios perdidos seguidos.*
*Eu só posso entrar em uma profissão se ela tiver sido anotada em meu diário de bordo.*
*Eu uso um stop-loss de no máximo X% do meu preço de compra.*

Dependendo de seu perfil de risco (acalme-se, apenas mais dez segundos de paciência), você pode preencher um número no lugar do X que corresponde ao tipo de comerciante que você é.

Quanto maior for o risco que você ousar correr, maiores poderão ser seus lucros ou perdas. Entretanto, é prudente não deixá-los exceder 3% no caso dos 2 primeiros pontos.

**#2: Gerenciamento de risco**
O gerenciamento de risco (ou seu perfil de risco) está, de todos estes elementos, mais de acordo com o nível pessoal de sua estratégia comercial.

Uma pessoa é enormemente avesso ao risco, a outra, ao contrário, adora a emoção e gosta de explorar os limites. Como regra geral aplica-se: quanto mais risco você corre, maiores os lucros ou maiores as perdas podem ser. Por outro lado, quanto menos risco você corre, menores podem ser os lucros ou as perdas.

Você investe apenas com uma certa porcentagem de sua poupança? Ou com todas as suas economias? Ou com todo o dinheiro que você possui? Ou você faz uma hipoteca extra de sua casa e depois começa a negociar com cada centavo que você possui que represente valor?

Como você vai entender, o risco que você está correndo em cada uma das situações acima mencionadas varia muito.

Com cada profissão, você deve se fazer a pergunta: O que acontecerá se eu perder completamente este depósito? Posso perder este dinheiro? O que eu faria nesse caso?

**#3: Cronogramas de negociação**
É evidente que uma estratégia também tem que se encaixar com o tipo de comerciante que você é. Distinguimos brevemente três tipos diferentes de negociantes:

**Day trader** *(várias negociações por dia)*
**Swing trader** *(negócios que estão abertos por dias, semanas ou meses)*
**Investidor** *(comerciante de longo prazo / HODL'er)*

Enquanto um dia o trader está constantemente olhando para os números para detectar cada mudança sutil no preço e oportunidade ou ameaça, um investidor gastará principalmente muito tempo procurando aquela oportunidade final de longo prazo que parece promissora e depois deixará seu investimento em paz por um período mais longo. Um negociador de Swing está um pouco no meio disto.

Um comerciante diurno não assume mais ou menos riscos do que um investidor, é apenas uma forma muito mais intensiva, mas por causa disso também pode render mais. Alguns comerciantes também escolhem uma estratégia comercial dupla, que é dirigida a um componente investidor (por exemplo HODL em Bitcoin) e um componente dia ou swing trader no qual há negociação ativa (em Altcoins, por exemplo).

Portanto, é importante determinar por si mesmo que tipo de comerciante você é e que prazos são importantes para você seguir.

Para um comerciante de dia, por exemplo, estes prazos são as 4 horas, a 1 hora e os 15 minutos, enquanto para um comerciante de balanço estes prazos são o 1 mês, 1 semana e 1 dia. Mas também, comerciantes de diferentes dias podem usar diferentes períodos de tempo. Mesmo aqui é novamente muito pessoal.

## #4: Análise Técnica (TA)

O elemento número quatro tem uma forte conexão com o primeiro, as regras comerciais. Neste elemento você determinará principalmente com base em quais indicadores, candelabros, padrões, etc. você vai tomar ou vender suas posições.

As perguntas que você mesmo fará se enquadram nas categorias:

- Quais indicadores devem dar luz verde antes de eu poder tomar uma posição?
- Quais indicadores devem dar um sinal negativo antes de eu vender uma posição?
- Quais castiçais são decisivos para mim na determinação do momento?
- Em qual criptologia investirei, ou ignorarei deliberadamente?

A análise técnica também está fortemente ligada ao quinto elemento. Ou talvez o quinto elemento seja apenas parte da análise técnica.

## #5: Testes anteriores

O teste de retorno é uma técnica ou atividade na qual você pode testar como essas variáveis teriam se desempenhado no passado, com base nas variáveis que você mesmo definiu. Mesmo que os resultados do passado não sejam garantia para o futuro, ele agrega valor para determinar se você está pensando na direção certa com certas regras comerciais.

O retrocesso é, portanto, uma excelente maneira de projetar, otimizar ou jogar fora uma estratégia comercial de criptografia concebida.

## #6: Reinventando a si mesmo

Uma vez que você tenha encontrado sua estratégia comercial definitiva com os elementos 1 a 5, é hora de colher o máximo de benefícios dela. Portanto, utilize esta estratégia (dentro de seu perfil de risco) o mais grosso possível, a fim de maximizar seus lucros. Como acontece antes que você saiba, sua estratégia está ultrapassada e você deve começar tudo de novo.

É por isso que existe também o elemento número 6. Uma estratégia que não funcionou no passado pode, de repente, vir a ser uma mina de ouro no futuro. Uma estratégia que funcione brilhantemente para seu vizinho não tem que funcionar para você. Mantenha-se sempre crítico em relação aos desenvolvimentos do mercado e seus efeitos sobre sua estratégia. E atreva-se a afiar sua estratégia no meio, sempre que possível.

A melhor metáfora que podemos usar para isso é a metáfora do lenhador. Você pode cortar muito mais árvores como lenhador se você não continuar cortando árvores o dia todo, mas se você fizer uma pausa a cada momento relaxe para poder ficar afiado.

**Como escolher a estratégia comercial correta?**
Caso você estivesse esperando por um "truque fácil" com o qual pudesse enriquecer sem vergonha, então, infelizmente, temos más notícias para você. Não há um truque fácil ou todos o fariam. É claro que você sempre poderia tropeçar inesperadamente em um grande ganho inesperado ou em um desenvolvimento de

mercado afortunado, mas isso seria mais sorte do que sabedoria.

Uma estratégia comercial criptográfica adequada é feita sob medida, e está intimamente ligada à sua situação pessoal. É por isso que você nem sempre pode usar as estratégias comerciais 'perfeitas' de outros comerciantes. No entanto, elas não são completamente inúteis ou inutilizáveis. Especialmente, use-as para se inspirar. Para ver como outros desenvolveram sua estratégia e subseqüentemente a implementam na prática. Aprender com seus sucessos e erros. E usá-los todos em sua própria estratégia comercial.

Julgamento e erro. Coloque algo no papel, comece, ajuste-o, teste-o, ajuste-o novamente, continue otimizando-o e aperfeiçoando-o. É assim que você chegará à estratégia comercial correta que lhe convém.

## Vantagens e desvantagens de trabalhar com estratégias comerciais

Onde normalmente gostamos de optar por uma soma de vários prós e contras através de vários pontos de bala, hoje vamos mantê-lo curto e simples. É claro que há vantagens nas estratégias comerciais, caso contrário nunca teríamos começado a escrever este livro, mas também há desvantagens. Vamos resumi-las brevemente para você.

### Vantagens

A maior vantagem das estratégias comerciais é, naturalmente, sua estrutura. Você sabe quando tem que fazer algo, por que está fazendo e o que está reservado para você. Isso lhe dá foco e uma direção. Ele garante que seu cérebro racional faça o pensamento ao invés de suas emoções. Além disso, com um registro comercial, você constrói uma história.

Você tem uma base na qual você mantém um registro de quais ofícios se revelaram bem-sucedidos para você, ou não. E tal documento vale ouro para ser utilizado em momentos em que você ainda tem dúvidas.

**Desvantagens**
A elaboração e a manutenção de uma estratégia comercial leva bastante tempo.

Além disso, pode acontecer - certamente no início - que você seja confrontado com uma fase que chamamos de "conscientemente incompetente". Nesta fase, você descobrirá realmente o quanto ainda há o que você não sabe.

Mas fique tranquilo, esta fase também passará (em breve). E, com base em novas experiências, você será capaz de afinar sua própria estratégia comercial de criptografia e torná-la ainda melhor.

# Estratégias de investimento em moedas criptográficas

Uma boa estratégia para aplicar para segurar Bitcoin ou outras moedas criptográficas é investir apenas dinheiro que não é necessário no curto prazo. A Bitcoin, por exemplo, em seu estado atual ainda é extremamente volátil, e se você seguir seu curso de perto, e esperar apenas um crescimento, você pode estar em busca de uma montanha-russa emocional.

**Estes são 5 passos para uma Estratégia de Investimento Crypto bem sucedida**

**Passo 1: Decida quanto dinheiro você quer investir**

O primeiro passo para um investimento bem sucedido em moeda criptográfica é sempre determinar o valor do investimento. Somente quando você sabe quanto quer investir em moeda criptográfica, você pode começar a desenvolver uma estratégia apropriada para isso. Por exemplo, se você quiser investir apenas uma pequena quantia, então poderá pagar para escolher os altcoins um pouco mais baratos sobre os quais você tenha feito pesquisa suficiente. É crucial entender que valor a moeda tem dentro do sistema financeiro.

Se você tiver mais orçamento, então investir em Bitcoins, por exemplo, pode ser uma opção. Portanto, sempre determine o valor do investimento com antecedência e certifique-se de não se desviar dele mais tarde. Pode ser muito tentador investir mais e mais economia em moedas criptográficas.

Embora em alguns casos isso possa ser inteligente (por exemplo, quando você não precisa da poupança e vê boas oportunidades de investimento), ainda é importante manter uma poupança suficiente em moeda normal. Desta forma, em caso de emergência, você não precisa começar imediatamente a vender moeda criptográfica para poder financiar as despesas necessárias (inesperadas).

## Etapa 2: Determine sua estratégia de investimento apropriada

Dentro do investimento em moeda criptográfica, há muitas estratégias diferentes imagináveis. Por exemplo, você pode optar por investir a longo ou curto prazo. A estratégia que melhor lhe convém depende inteiramente de sua situação pessoal. Possíveis fatores que podem influenciar a escolha da estratégia são, por exemplo, quanto tempo você quer investir o dinheiro, quanto tempo você mesmo quer investir (diária ou semanalmente) em sua moeda criptográfica e quanto conhecimento você já tem sobre moedas criptográficas.

Há geralmente duas estratégias que você pode seguir ao investir em moedas criptográficas. A primeira estratégia é segurar as moedas por um período de tempo mais longo para maximizar os lucros. A segunda estratégia é a chamada day trading, onde você compra moedas criptográficas com o objetivo de vendê-las novamente no curto prazo.

Há geralmente duas estratégias que você pode seguir ao investir em moedas criptográficas. A primeira estratégia é segurar as moedas por um período de tempo mais longo para maximizar os lucros. (investimento de longo prazo) A segunda estratégia é a chamada negociação diária, onde você compra moedas criptográficas com o objetivo de vendê-las novamente no curto prazo.

## Defina seus objetivos

Negociar ações ou moedas criptográficas é um grande jogo entre "Bulls" (compradores) e "Bears" (vendedores). Um grupo está apostando que o preço vai descer enquanto que o outro grupo está apostando que o preço vai subir. Dentro da Crypto Trading, você pode, grosso modo, estabelecer dois objetivos:

1.  **Coletando mais Bitcoin:** Ao negociar Altcoins contra Bitcoins, você garante que você obtenha cada vez mais Bitcoin em sua posse. As pessoas que escolhem esta opção confiam que a Bitcoin vai se tornar muito mais valiosa a longo prazo, por isso querem definir a maior quantidade possível de Bitcoin.

2. **Coleta de mais moedas Fiat (como Euros, Dólares e mais):** Ao negociar Bitcoin ou Altcoins contra Euros, por exemplo, você pode garantir que possui mais e mais Fiat. Este grupo de pessoas utiliza o Bitcoin como qualquer outra unidade negociável. Portanto, eles não acreditam no valor subjacente, mas principalmente acham interessante a volatilidade da moeda.

## Longo prazo ou Curto prazo?

Os princípios básicos de negociação e investimento são fáceis: compre moedas criptográficas quando seu preço é baixo e venda-as quando o preço é alto. Isto também é chamado de "longo" em termos comerciais.
Você também pode fazer exatamente o contrário, vender suas moedas criptográficas quando os preços estiverem altos e comprar de volta quando o preço tiver caído. Isto também é chamado de "curto" em termos comerciais.

Qualquer pessoa que comece a negociar sempre assumirá basicamente uma posição "longa". Você compra Crypto e o vende quando o preço é mais alto. As posições curtas são utilizadas principalmente por negociadores experientes que também usam alavancagem. No entanto, desaconselhamos isso para iniciantes, pois também pode fazer com que você perca seu dinheiro muito rapidamente.

**Passo 3: Encontre as moedas em que você quer investir**

A escolha de uma moeda criptográfica interessante, especialmente no início, é provavelmente um dos passos mais difíceis. Quando é interessante investir em uma moeda? Quando definitivamente não devo investir em uma moeda? Se você soubesse as respostas a estas perguntas, você seria milionário em poucas horas. Infelizmente, ninguém sabe a resposta a estas perguntas com 100% de certeza, portanto, de certa forma, continua sempre uma aposta. mas graças a este livro, você ganhou mais informações sobre por que Bitcoin pode ser um investimento seguro a longo prazo e como você pode perder seu dinheiro rapidamente entrando em um esquema de bombeamento e despejo sem conhecimento prévio.

Assim, ao adquirir conhecimento suficiente sobre as moedas em que você quer investir, você pode realmente fazer uma boa previsão. É claro, é sempre inteligente espalhar oportunidades. Portanto, nunca invista em apenas um tipo de moeda criptográfica, mas espalhe seu depósito pelo menos de 2 a 3 moedas diferentes. Naturalmente, também é verdade que a obtenção de conhecimento continua sendo um processo contínuo. Portanto, não é possível dizer a um certo ponto que você tenha "conhecimento suficiente" de suas moedas e depois não fazer mais nenhuma pesquisa.

**Passo 4: O momento certo**

Se você tem lido sobre moedas específicas há algum tempo, você provavelmente já tem uma idéia do momento ideal de compra para si mesmo. Para determinar o momento ideal de compra, é de qualquer forma prudente analisar cuidadosamente os preços dos últimos tempos. Muitas vezes há um padrão claro a ser visto na evolução dos preços de moedas específicas. Além disso, também é importante determinar o momento da venda.

Quando você finalmente vende as moedas novamente? O momento da venda é diferente para todos. Depende inteiramente do valor de venda com o qual você ficaria satisfeito. Embora o momento da venda seja diferente para todos, é definitivamente sábio determinar antecipadamente a que preço você planeja vender sua moeda criptográfica. É claro que ninguém acabará forçando você a realmente vendê-la por esse valor, mas isso lhe dá algo a que se agarrar no mundo incerto da moeda criptográfica.

**Passo 5: Pedido de ajuda**

Especialmente quando você está apenas começando a investir em moeda criptográfica, há muitas coisas que você ainda não saberá exatamente. Embora haja uma enorme quantidade de conhecimento a ser encontrada na Internet, também pode definitivamente valer a pena pedir ajuda aos especialistas de tempos em tempos.
Cada vez mais assessores financeiros podem fornecer excelentes conselhos sobre como investir em moeda

criptográfica. Naturalmente, é importante ser crítico ao escolher um assessor financeiro. Os custos são freqüentemente altos, mas os assessores financeiros certos, especializados em moedas criptográficas, não custam nada na prática. Eles proporcionam muito mais lucro do que o custo do conselho que você está gastando.

Na Stellar Moon Publishing, trabalhamos com uma série de consultores que podem lhe fornecer conselhos apropriados para desenvolver uma estratégia lucrativa para seus investimentos criptográficos. Confira as opções de contato no verso do livro e informe-nos se você precisar de ajuda com sua abordagem.

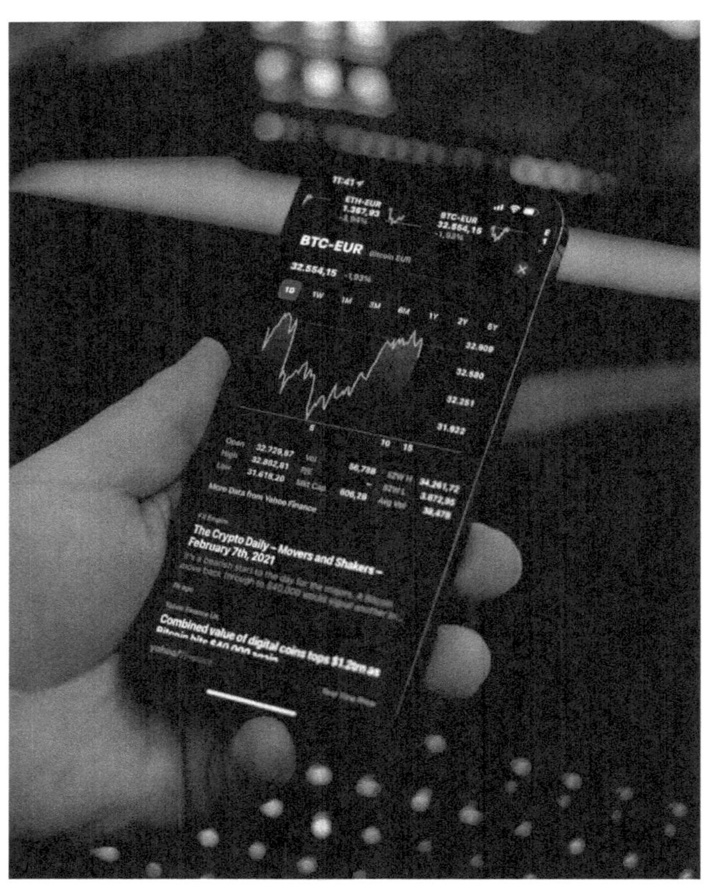


BTC-EUR
32.554,15  -1.93%
The Crypto Daily – Movers and Shakers –
February 7th, 2021
Combined value of digital coins tops $1.2trn as

# Dicas essenciais para o sucesso da criptocracia

As regras de segurança estão escritas em sangue. Esta é uma declaração que todo soldado que serve a seu país está familiarizado com ela. Embora não estejamos discutindo aqui o risco para a vida humana, é extremamente inconveniente perder suas valiosas Bitcoins devido a erros cometidos enquanto você está negociando e investindo em moedas criptográficas.

**Dê um motivo a cada transação.**

Entre apenas em uma **posição comercial**; *um preço pelo qual você deseja vender ou comprar sua moeda.*

Se você sabe porque quer vendê-lo ou comprá-lo e, portanto, tem uma estratégia clara em mente.

Nem todos os Crypto Traders podem ter lucro porque este é um jogo de soma zero (onde você tem lucro, outra pessoa do outro lado perde).

Grandes porta moedas (também chamadas de baleias no mundo criptográfico) impulsionam o mercado alt & Bitcoin - sim, as mesmas "baleias" responsáveis pela compra e venda de centenas de Bitcoins de cada vez.

As baleias esperam pacientemente por pequenos investidores insuspeitos como nós para cometer um erro comercial.

Mesmo se você quiser negociar todos os dias, às vezes é melhor não fazer nada do que pular na água apressada e arriscar perdas significativas. Alguns dias, você pode ganhar mais dinheiro não fazendo absolutamente nada!

**Estabeleça metas claras e saiba quando você precisa parar**

Para cada **posição comercial que** você deseja tomar, você deve definir um nível preciso de meta de lucro e, mais importante, um nível de stop-loss para limitar as perdas.

Estabelecer uma meta de stop-loss implica em determinar a perda máxima que pode ser aceita antes de fechar a **posição comercial**.

Vários fatores devem ser considerados ao se decidir sobre um nível de stop loss. A maioria dos comerciantes falha porque "se apaixonam" por sua posição, o que significa que as moedas que detêm, parecem subir de preço, ou esperam que não caia mais baixo, e não querem vender e pegar o lucro/perda, ou se apaixonam pela própria moeda criptográfica.

O que significa que, não importa o que aconteça, você escolhe segurar essa moeda para a vida querida. "Tenho certeza que vai mudar, que vai subir, e eu vou sair desta posição com uma perda mínima", dizem a si mesmos. Eles permitiram que seu ego os governasse.

Em comparação com o mercado acionário tradicional, onde a volatilidade de 2-3% é considerada extrema, as transações criptográficas são muito mais arriscadas: não é raro que uma criptocoína perca 80% de seu valor em questão de horas. E você certamente não quer ser aquele que está agarrado a ela!

**Esteja atento à FOMO**

Conheça a FOMO, que significa "Fear of Missing Out" (Medo de Faltar). Não é divertido estar do lado de fora olhando para dentro quando uma moeda específica é empolgada como uma loucura com enormes ganhos em apenas alguns minutos.

Aquele longo bar verde implora que você o compre, dizendo: "Você é o único que não está se beneficiando disso, então me compre! Neste ponto, você também notará que muitas pessoas e grupos em Reddit, Telegrama e outras plataformas só podem falar sobre esta bomba.

Então, o que devemos fazer? É tão simples quanto isso: ficar sóbrio. É verdade, o preço pode continuar a subir, mas tenha em mente que as baleias (mencionadas acima) estão simplesmente procurando pequenos comerciantes para vender seus criptogravos.

Que eles compraram a um custo mais baixo. O preço aumentou, e é claro que a moeda está agora nas mãos de apenas alguns comerciantes menores. É desnecessário dizer que quando a moeda é despejada em grandes quantidades, o próximo passo normalmente é uma queda de preço vermelho brilhante.

## Avaliação de risco

"Porcos crescem gordura; porcos são abatidos". Esta citação conta a história do lucro do ponto de vista do sucesso. Para se tornar um rentável comerciante Crypto, você nunca deve procurar extremos. Você procura pequenos lucros que se somarão a um grande.

O risco deve ser gerenciado de forma sensata em toda a sua carteira. Por exemplo, você nunca deve investir mais do que uma pequena parte de sua carteira em um mercado não-líquido (altamente volátil). Daremos mais margem de manobra a essas posições, e os níveis de parada e metas serão estabelecidos longe do nível de compra.

## As moedas criptográficas são trocadas por Bitcoin

Este ativo subjacente causa volatilidade no mercado: a maioria das altcoins são negociadas contra Bitcoin em vez de moeda fiat (como euros ou dólares). Veja também: Qual é a diferença entre a moeda Cryptocurrency e o Fiat Money?

A bitcoin é extremamente volátil em comparação com quase qualquer moeda fiduciária, e este fato deve ser considerado, especialmente quando o preço da bitcoin flutua drasticamente.

Era comum nos primeiros anos que o Bitcoin e altcoins tivessem uma correlação inversa, o que significava que quando o Bitcoin subia, os preços dos altcoins caíam em relação ao Bitcoin e vice-versa. Entretanto, a correlação se tornou menos clara desde 2018. Em qualquer caso, quando a Bitcoin é volátil, as condições comerciais tornam-se difíceis de determinar.

Como não podemos ver muito à frente durante um período volátil, é melhor estabelecer metas próximas e metas de prevenção de perdas - ou não negociar de forma alguma.

## Use suas alt-coins para negociar

A maioria dos altcoins perde valor com o tempo. Elas podem perder valor gradualmente ou rapidamente.

No entanto, o fato de que a lista dos 20 maiores altcoins mudou tão drasticamente nos últimos anos diz muito. Considere isto ao adicionar grandes quantidades de altcoins ao seu portfólio a médio e longo prazo e, é claro, escolha-os sabiamente.

Se você estiver pensando em manter altcoins a longo prazo ou construir uma carteira criptográfica a longo prazo, preste muita atenção ao volume diário de negociação e faça uma análise fundamental completa.

Altcoins com uma comunidade próspera têm uma boa chance de sobreviver a longo prazo.

## ICO, IEO, e venda de fichas

Passando às ICOs públicas (ou IEOs, como são conhecidas agora em 2021): são vendas de fichas criptográficas. Muitos novos projetos escolhem realizar uma venda em massa, na qual oferecem aos investidores uma oportunidade antecipada de comprar alguns dos tokens do projeto a um preço mais baixo.

O incentivo para os investidores é que, quando a ficha chegar ao mercado, eles poderão lucrar muito bem. Muitas vendas simbólicas de sucesso ocorreram nos últimos anos, com ROI de 10x não raro.

A Augur ICO, por exemplo, proporcionou aos investidores um retorno de 15x. Então, qual é a contrapartida? Nem todos estes projetos devolvem um lucro aos seus financiadores. Muitas vendas acabaram se revelando um total de roubos. Não só não foram negociados, mas alguns projetos desapareceram com o dinheiro, para nunca mais serem vistos ou ouvidos de novo.

**Então como você sabe se deve investir em uma determinada venda simbólica?**

A quantia de dinheiro que o projeto deseja levantar é uma consideração importante. Um projeto que arrecada muito pouco dinheiro provavelmente não será

107

capaz de desenvolver um produto que funcione, enquanto um projeto que arrecada muito dinheiro provavelmente não terá investidores suficientes para comprar as fichas no mercado. O aspecto mais crucial é a gestão de risco. Nunca coloque todos os seus ovos em uma cesta e evite colocar muito de sua carteira em um único IEO ou ICO. Eles são classificados como de alto risco.

## Comissões

A realização de múltiplos negócios requer o pagamento de uma comissão maior. É sempre melhor e menos caro para um fabricante de mercado colocar uma nova ordem no livro de ordens em vez de comprar do livro de ordens em uma plataforma de negociação.

## Não crie pressão

Comece a negociar somente quando você tiver as melhores condições para tomar as melhores decisões, e sempre saiba quando e como parar de negociar, se necessário. A negociação começa com uma estratégia bem pensada! Se você estiver sob muita pressão, isso afetará sua capacidade de tomar decisões. Como resultado, nunca se apresse.

## Estabelecer metas e ordens de venda

Defina seus objetivos fazendo pedidos de venda. Você nunca sabe quando uma baleia irá bombear uma moeda para comprar o estoque no livro de pedidos (e pagar um preço mais baixo no lado do criador do pedido de venda).

## Comprar o boato, vender a notícia

Quando as grandes transmissões de notícias publicam notícias, este é geralmente o momento certo para vender a moeda e não comprá-la!

## Não se esqueça da Lei de Murphy

Você fez um comércio lucrativo, mas como é costume, o preço dispara logo após a venda. Não ceda à tentação de mudar de emprego. Em outras palavras, não sucumba ao **FOMO** (Fear of Missing Out). Você ficará bem desde que haja lucros.

## Não deixe que seu ego governe seus investimentos

O objetivo é obter LUCROS. Não desperdice recursos (tempo e dinheiro) tentando demonstrar que você deveria ter tomado esta ou aquela posição. Tenha em mente que nenhum comerciante só entra em posições vencedoras. A regra geral é que o número de negócios vencedores deve exceder o número de negócios perdidos.

## Compre quando os preços estão baixos

Os mercados de ursos às vezes são os melhores momentos para se ter lucro, se a moeda estiver caindo, isso pode significar que é o melhor momento para comprar e ter lucro ao longo do tempo. Mas certifique-se de que seu plano é sólido para o futuro próximo e você tem alguma idéia do motivo pelo qual a queda de preços é apenas temporária.

## Compradores versus vendedores

Considere a seguinte empresa hipotética. As pessoas que acreditam na empresa compram o maior número possível de ações ao preço de US$ 10.

No entanto, para isso, deve haver também pessoas dispostas a vender suas ações a esse preço. Como resultado, essas pessoas estão céticas quanto à possibilidade de que o preço suba. Eles não venderiam se pensassem que isso aconteceria! Se um acionista deseja vender suas ações, ele é livre para estabelecer seu próprio preço.

Suponha que alguém liste suas ações para venda a $12 cada, e que outros queiram comprar a $10. Nesse caso, ambas as partes podem acordar um preço de 11 dólares e se encontrar no meio. Após o primeiro dia de negociação, o preço de nossa loja de donuts é de $11 por ação. Em muitos aspectos, isto reflete como o mercado percebe a nossa empresa.

Este princípio se aplica às moedas criptográficas de maneira semelhante.

Se você é um investidor sábio, você entende que não pode aprender tudo simplesmente olhando para o preço atual. Usando dados históricos, você pode estimar o sentimento do mercado. O preço atual é muito alto ou muito baixo? Qual foi o custo no início do dia do ano passado? Houve uma queda de preço no último trimestre?

# Esquemas de bombeamento e despejo

Nunca é uma boa idéia seguir sem sentido o hype de uma moeda aleatória, só porque as pessoas afirmam ter feito lucros enormes durante a noite.

Isto geralmente indica em direção a um esquema "clássico" de bombeamento e despejo, o que significa que, a fim de obter lucros maciços com uma moeda criptográfica, use a influência de notícias, blogs criptográficos, youtubers e outros influenciadores, plataformas de mídia social como Reddit e Facebook para aumentar o preço de uma moeda aparentemente aleatória.

A idéia geral disto é comprar cedo e despejar a quantidade de moedas compradas à medida que o preço sobe 1000 vezes.

**É fácil reconhecer este padrão, já que as reivindicações geralmente estão em uma tendência como a seguir:**

O preço de lançamento aleatório da merda é de US$ 0,000001 com a alegação de que se esta moeda subisse para US$ 0,001, você teria um lucro de cerca de 1000x.

Estas reivindicações sobre moedas aleatórias que estão prestes a estourar estão por toda a Internet; Tiktok, Instagram, Facebook e Reddit estão repletas de anúncios pagos e não pagos sobre esquemas de bombas e lixeiras.

Tudo isso significa simplesmente que, quem quer que esteja envolvido, pode obter lucros maciços desde que tenha pessoas suficientes para comprar a propaganda.

**Influenciadores são pagos para empurrar esta informação.**

Pode pagar até US$ 25.000 por correio se você for um influenciador disposto a promover um desses esquemas. Porque se você formar um número decente de seguidores, há uma possibilidade maior de que as pessoas comprem o que você tiver que dizer a eles.

E como um consumidor de conteúdo, e alguém que está procurando comprar para a próxima propaganda, o pensamento crítico é seu melhor trunfo.

# Dogecoin

O principal exemplo de uma bomba e lixeira com influência da mídia social, é o que Elon Musk fez com Dogecoin e Bitcoin, um par de tweets e menções sobre ambas as moedas, e como você provavelmente viu em notícias recentes, o preço do Bitcoin e do Dogecoin sobe, e ele comprou, especialmente no Bitcoin, antes de começar o rumor, ele provavelmente obteve um bilhão de lucros simplesmente mencionando-o em um tweet, o mesmo que ele recentemente causou uma queda no preço do Bitcoin.

Elon Musk é um homem inteligente a esse respeito, segue sua estratégia de investimento, onde compra uma quantidade enorme de Bitcoin, alegando que sua empresa Tesla, agora aceitará pagamentos de Bitcoin para os carros e aumenta o preço por uma margem maciça, um recorde histórico de mais de $60.000.

E não muito mais tarde, Elon Musk lança uma bomba, dizendo à Internet que a mineração Bitcoin é terrível para o meio ambiente, o que significa que ele se esgotou no ponto de preço alto, viu o crash do mercado e criou um novo ponto de entrada para as pessoas comprarem.

Ele começou a tweetar sobre Dogecoin no início de abril, com o preço inicial em torno de $0,05, e no dia 16 de abril, o preço atingiu o máximo histórico de $0,39.

Seguiu-se um pequeno mergulho, a moeda caiu de volta para $0,19 em 23 de abril e depois disso continuou a subir para uma nova alta de $0,71 em [5] de maio, seguida por outra queda com o preço atual de $0,50.

Não há muito a dizer sobre o futuro do Dogecoin, pois ele parece uma espécie de piada. Elon Musk provou no passado ser um grande fã da cultura da internet, e ter uma moeda como Dogecoin, dominar o mercado financeiro não é nada mais do que uma elaborada piada.

Portanto, se você se sentir com sorte, você poderia comprar em Dogecoin e apostar o dobro no preço no futuro próximo, mas qualquer sucesso é inteiramente baseado na sorte com uma moeda que tem seu preço baseado na especulação. Portanto, em essência, investir em determinada moeda criptográfica é um pouco uma aposta.

Uma boa regra, se você estiver disposto a apostar em esquemas de bombeamento e despejo é comprar quando os rumores começam e começar a vender quando chegar às principais notícias.

Uma vez que o preço subirá rapidamente sempre que uma moeda com tendências atingir os principais canais de notícias, isso também significa que muitas pessoas que compraram cedo, usam esse momento para descontar, vender a moeda e obter o lucro, causando uma queda de preço quase imediata quando um grande número de moedas é vendido em qualquer um dos mercados.

Isso significa que se você não tiver informações sólidas sobre quando essa lixeira vai acontecer, você está fadado a perder sua parte, se estiver atrasado. Como as moedas criptográficas são descentralizadas, elas são basicamente impossíveis de regular enquanto as informações forem divulgadas e as tendências.

# Valor intrínseco da moeda criptográfica

Não compre moedas novas ou relativamente desconhecidas como um investimento a longo prazo se elas não mostrarem nenhum valor intrínseco.

Portanto, um conselho sólido seria saber o que você compra, você sabe se é uma chamada "merda", um esquema de marketing que as pessoas usam para aumentar o preço, ou se a moeda tem valor real de aplicação.

Por exemplo, o Ripple (XRP) tem como objetivo tornar-se a próxima rede global de pagamentos para instituições financeiras. Se você acompanhar as notícias em torno do Ripple, é um pouco mais fácil prever o que o preço fará, neste momento eles têm uma participação de 40% no sistema de pagamentos internacionais da Ásia e trabalham duro para solidificar seu futuro como um instrumento financeiro.

Neste momento, a criação de uma nova moeda leva cerca de 5 minutos se você quiser criar uma bomba um esquema de despejo. A seguir será o marketing, certifique-se de que as pessoas saibam que sua moeda será a próxima que as tornará ricas e ganhe interesse na internet.

Esta moeda tem que ser uma moeda que não precisa de prova de trabalho como a Bitcoin faz, como explicado no capítulo "**O Valor Intrínseco da Bitcoin**".

Portanto, se você mesmo quiser iniciar uma moeda, fazer uma cópia de uma moeda existente que não requeira nenhum esforço para ser trocada e iniciada, você provavelmente poderia encontrar um tutorial para configurar isto no YouTube.

Chamar a nova moeda de qualquer coisa que com palavras-chave como seguro, ou ir à lua, como o infame Safemoon, alega que ela vai estourar, e garantir que o maior número possível de pessoas precise segurar essa moeda porque ela os tornará ricos. De preferência, implementando uma taxa pesada se eles quiserem vendê-la.

Publique um livro branco sobre sua moeda; um livro branco é uma explicação de como a moeda funciona, como comprá-la e outras informações vitais para obter o interesse dos investidores.

Para um esquema de bomba e despejo, o ideal seria um papel que reivindicasse algum tipo de taxa de transação que fosse paga aos portadores de moedas. A idéia por trás desta taxa de transação que paga aos outros portadores de moedas é criar uma sensação de segurança para os potenciais investidores.

Se uma nova pessoa compra algumas moedas e consegue que seus amigos comprem algumas moedas, todos parecem lucrar com tal sistema. Eles querem criar uma ilusão de que se você conseguir o maior número possível de pessoas para comprar essa moeda, todos ficarão ricos.

No entanto, uma parte crucial que tornaria isso possível é que a moeda precisa de valor intrínseco. Se você precisar comprar e guardar a moeda para ganhar valor, será desencorajador vendê-la por dólares, pois em essência o preço cairia.

E, dito de forma simples, é um sistema morto se o valor tiver que vir de pessoas que têm que comprar a entrada. Esse sistema indica apenas que, uma vez que um número suficiente de pessoas tenha comprado dentro, os proprietários e os grandes portadores de moedas podem vender fora, fazer o valor dessa moeda cair enquanto outras pessoas que não estão dentro no momento da venda para fora tomam uma perda.

**Para dar um exemplo;**

*Se a pessoa A comprar 10 moedas e você tiver uma taxa de transação de 10%, 1 moeda dessas moedas será dividida sobre os outros portadores de moedas, então se houver 10 portadores de moedas neste ponto, todos eles receberiam 0,1 moeda dessa transação.*

Muitas das moedas fraudulentas que são promovidas
agora mesmo, elas ostentam um tipo de sistema
semelhante ao explicado no exemplo, prometendo que
explodirão em valor se pessoas suficientes comprarem
e todos receberem uma parte quando alguém fizer uma
compra.

Se você prestasse atenção e lesse nas entrelinhas, você
teria chegado à conclusão de que esta é a moeda
criptográfica equivalente a um esquema em pirâmide.

# Safemoon e Shiba Inu: projetos de fraude?

Para aqueles de nós que acompanham o mercado criptográfico há algum tempo, sabemos que a corrida de 2017 e 2018 foi acompanhada por uma série de moedas que não só foram tão voláteis como o Bitcoin, mas também tão voláteis como o dia em que o Bitcoin caiu.

Estes projetos fraudulentos, ou merdas como alguns os chamam, dão má reputação à criptografia, mas parece ser uma boa parte da indústria como nova tecnologia. Com toda a propaganda em torno do Bitcoin e do Ether, devemos ter em mente que uma variedade de moedas menores também irá aumentar de valor.

Como explicamos anteriormente, esquemas de bombeamento e despejo como o infame Safemoon, são basicamente o equivalente em moeda criptográfica de um esquema em pirâmide.

Com a rápida ascensão da moeda Shiba, muitas pessoas estão se perguntando se uma queda é iminente. Como Binance anunciou recentemente, as carteiras nº 1, nº 2 e nº 5 do topo contêm 50,5%, 7,0% e 3,0% da oferta total respectivamente, o que normalmente seria extremamente preocupante, mas neste caso é uma história ainda mais estranha.

Os desenvolvedores da Shiba Inu enviaram 50% de suas fichas ao fundador da Ether, Vitalik Buterin, no lançamento.

Somos um pouco positivos sobre a moeda Shiba no momento, mas parece que, devido à falsa sensação de segurança, cria-se uma situação com um limiar baixo para arriscar seu dinheiro.

Prevemos que esta moeda também será muito volátil e provavelmente verá um futuro como um dos milhares de projetos de bombas e lixões.

O Binance também listou o SHIB em sua Zona de Inovação, tornando possível a compra do Shiba Inu através da troca (o que só pode ser feito após o preenchimento de um questionário).

Entretanto, o Safemoon tem atualmente mais de 1,9 milhões de usuários, mas o Binance se recusa a ouvi-lo. Embora o CEO Changpeng Zhao tenha dito anteriormente que quando um projeto tem um grande número de usuários, eles o escutarão. Há mais usuários do Safemoon do que no Shiba, também o Safemoon forneceu um número recorde de transações no Binance Smart Chain.

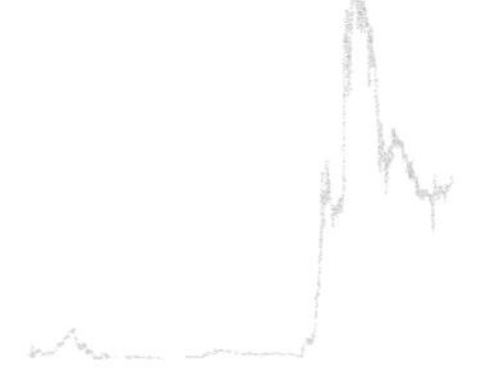

# O valor intrínseco do bitcoin

O Bitcoin tem valor intrínseco em sua transação. Uma transação Bitcoin é um cálculo, e fazendo esse cálculo obtém uma recompensa, um bloco, uma Bitcoin, daí o motivo pelo qual é chamada de cadeia de bloqueio. Como cada transação Bitcoin é um cálculo que consiste em todos os outros cálculos (que consistem em transações anteriores) que levam à transação.

Assim, desde que o Bitcoin está em uso desde 2009, essas inúmeras transações levaram a um ponto em que é necessário um imenso poder de cálculo para concluir uma transação. Fazer estes cálculos é chamado de mineração, e é um negócio onde a mineração Bitcoin requer mais eletricidade do que um país pequeno neste ponto.

Para que o Bitcoin caísse completamente, as pessoas teriam que parar de negociá-lo em um momento em que uma transação custaria demais para calculá-la. Assim, este princípio garante o futuro a longo prazo da Bitcoin, desde que as pessoas a utilizem para comercializá-la.

Além disso, a Bitcoin tem sido a moeda fundamental do mercado negro porque os proprietários da Bitcoin não podem ser rastreados através de detalhes pessoais da conta como ter uma conta bancária, assim a Bitcoin pode ser usada para comprar qualquer coisa fora da lei.

Não há nenhum banco ou instituição financeira com dados de conta e informações pessoais sobre os proprietários da Bitcoin. E se você quiser manter sua privacidade com a quantidade de Bitcoin que possui, é aconselhável mantê-la em uma carteira física como a Trezor One.

Assim, a fim de manter suas transações tão fora da rede quanto possível, certifique-se de usar uma rota anônima de compra de sua Bitcoin, e mantenha-as fora das plataformas de negociação que requerem detalhes pessoais para poder usá-las.

# Privacidade no comércio de bitcoin

Plataformas de negociação para Bitcoin podem exigir acesso a dados pessoais para usar essa plataforma, especialmente porque certos governos querem rastrear essas transações.

A plataforma Binance está sendo investigada neste momento por fraude fiscal e lavagem de dinheiro pelo governo dos EUA, puramente porque o governo dos EUA quer rastrear quem está negociando e quem possui o quê nessas plataformas.

Eles até ofereceram plataformas para pagar por detalhes pessoais, e mesmo que muitas plataformas de negociação de criptografia afirmem ter privacidade perfeita do cliente, não seria a primeira vez, eles venderam dados pessoais a terceiros. Há até mesmo alguns rumores de que certas plataformas vendem para o governo, mas nada pode ser dito com certeza.

O Bitcoin foi construído para descentralizar o valor. Até onde o passado pode nos ensinar, o dinheiro governa o mundo, e se você controla grandes somas de dinheiro, você tem um poder quase infinito.

Outra regra também é verdadeira, que o dinheiro corrompe indefinidamente, o dinheiro tem sido a causa da ganância, egoísmo e pobreza em todo o mundo e está nas mãos de uma porcentagem muito pequena de pessoas.

A bitcoin pode ser usada para desestabilizar a reserva global de valor se um número suficiente de pessoas a comprarem. A banca clássica é construída sobre a inflação no sistema econômico atual e se dinheiro suficiente flui para o mercado de moedas criptográficas, ela desestabilizará a inflação do dinheiro comum.

Os bancos usam o dinheiro que as pessoas armazenam para investir no que consideram rentável; eles também usaram uma boa parte desse valor para criar empréstimos, como hipotecas.
Mas neste ponto eles têm que continuar imprimindo dinheiro para manter o sistema funcionando, porque mais empréstimos significa menos valor real do dinheiro. E se você colocar o valor próximo ao atual fluxo global de dinheiro, é uma bolha gigantesca de crédito destinada a estourar.

# Por que o bitcoin é um sólido investimento a longo prazo

Esta bolha de crédito retrata a razão pela qual Bitcoin é um investimento tão sólido para o futuro a longo prazo. Com o valor comercial total da Bitcoin em dólares no momento, todo o mercado da Bitcoin está avaliado em 846.019.261.238,40 dólares, ou seja, 846 bilhões de dólares em breve.

Assim, o Bitcoin atingiu um valor de quase 1 trilhão de dólares, e está chegando perto de ultrapassar o dólar, que tem cerca de 1,2 trilhão de dólares em todo o mundo.

Para colocar o mercado criptográfico em perspectiva, a capitalização total do mercado é avaliada em 2,2 trilhões de dólares.

Considere que a mineração de Bitcoin se tornará exponencialmente mais difícil, exigindo mais poder de processamento e mais eletricidade ao longo do tempo, enquanto a Bitcoin for utilizada. Outro fato importante para o valor da Bitcoin é que a quantidade de Bitcoin é finita, o que significa que, em algum momento, a última Bitcoin será minerada, e estima-se agora que levará mais de 100 anos.

Isto significa que o preço da Bitcoin não está nem perto do preço que estará dentro de 20 anos ou mais e, com a atual taxa de inflação, é uma reserva de valor extremamente desejável a longo prazo.

É um fato que o dólar inflará mais, parece que em algum momento terá de cair, pois em algum momento simplesmente tornará os preços exageradamente altos, tornando o dólar mais inútil no decorrer do tempo.

Você pode ver a prova disso nos preços de materiais brutos como a madeira agora mesmo. Estes preços são altíssimos, e estão lentamente começando a desestabilizar o mercado imobiliário.
A causa disso está no fato de Donald Trump ter aumentado maciçamente as tarifas de importação de madeira da China em 2020, criando uma situação em que os EUA compram toda a madeira da Europa, elevando imensamente o preço.

Isto faz com que a renovação, novas moradias e outros projetos que requerem grandes quantidades de madeira estejam se tornando muito mais caros, mesmo que isso influencie os preços no mercado imobiliário neste momento.

As casas têm sido mais caras do que nunca na Europa ao ponto de começar a causar problemas em outros mercados.

Isto significa que os bancos têm que conceder uma hipoteca muito grande para uma casa menor que 10 anos, o que só contribuirá para aumentar a bolha de crédito e seu efeito em todos os aspectos da economia.

Além disso, devido a uma multiplicidade de problemas financeiros complexos, está chegando uma inflação onde o bitcoin pode ser a solução para manter o valor de seu capital saudável.

# A atual escassez de chips

O maior contribuinte para a reserva de valor na Bitcoin é a escassez de chips, a Bitcoin é um dos fatores que impulsionam os chips a se tornarem mais valiosos e, devido à maior demanda, leva a um preço inflado e à escassez.

Uma das especulações é que o Elon Musk causou o acidente porque a falta de chips também está afetando a produção dos carros Tesla. Portanto, perturbando o preço de mercado do Bitcoin, perturbando o mercado de equipamentos de mineração Bitcoin, isto poderia potencialmente criar um pouco de espaço no mercado de chips.

Um espaço muito necessário para outros fabricantes que realmente de uma forma ou de outra em chips e semi-condutores.

Mas a certeza continua sendo que a dificuldade da mineração Bitcoin vai aumentar enquanto existir a comercialização de Bitcoin, exigindo mais do mercado de chips, e aumentando os preços dos equipamentos necessários para a mineração de Bitcoin.

**A computação quântica não terá impacto sobre a mineração de Bitcoin**

Simplificando, estudos recentes, feitos por Louis Tessler e Tim Byrnes, mostraram que a computação quântica não pode fazer a mineração Bitcoin de forma mais eficiente do que as formas atuais de mineração Bitcoin. Portanto, a prova de trabalho da mineração Bitcoin tem um futuro muito estável no ambiente computacional atual sem ameaças que tornariam a prova de trabalho na mineração Bitcoin obsoleta.

Portanto, em conclusão, e levando em conta todos estes diferentes fatores, pode ser uma jogada muito inteligente para aumentar um capital de longo prazo para investir uma quantia mensal em Bitcoin, que você normalmente economizaria em um banco normal.

# Ordem de Encerramento de Sichuan

As porcentagens de haxixe de algumas das maiores piscinas de mineração de Bitcoin da China caíram para 37% depois que Sichuan ordenou às empresas de energia que parassem de fornecer energia às empresas de mineração na província.

A notícia da ordem de cessar e desistir quebrou ontem após uma reunião entre o Departamento de Ciência e Tecnologia do país e o Departamento de Energia de Sichuan Ya'an. As empresas de energia foram dadas até o início do domingo, 20 de junho (horário de Pequim) para desligar a energia.

As piscinas de mineração chinesas são uma engrenagem integral no sistema global de cripto-ecosistema, e muitos dos mineiros dessas piscinas extraem da abundante energia hidrelétrica de Sichuan. As piscinas de mineração são coletivos de mineração de moeda criptográfica que compartilham seu poder de computação para extrair moeda criptográfica.

**A ordem de cessar e desistir emitida às empresas de energia elétrica identificou 26 piscinas de mineração na província de Sichuan.**

"Molly", chefe de marketing da empresa chinesa Hashkey Hub, disse que a taxa de haxixe "já caiu significativamente" depois que o governo Sichuan anunciou que cortaria a energia para as empresas de mineração Bitcoin.

Os hashrates para piscinas de mineração são: em queda livre. Desde o tweet da Molly, alguns hashrates para piscinas de mineração mergulharam ainda mais. Os hashrates para mineração na melhor fazenda de mineração AntPool caíram 27,53%, enquanto o hashrate do BTC.com caiu 18,34% e o Huobi.pool caiu 36,79%.

Nos últimos meses, a China tem se livrado das moedas criptográficas. Ela teve um efeito de repercussão sobre o preço global do criptograma. O pior colapso da Bitcoin em 12 anos piorou no mês passado quando as associações de pagamento reiteraram o apoio a uma proibição das transações criptográficas em 2017.

O próximo alvo do estado era as operações de mineração. Em 9 de junho, a província de Xinjiang ordenou o fechamento de vários mineiros criptográficos. No aviso, Xinjiang citou "Medidas para o Exame da Conservação de Energia de Projetos de Investimento em Ativos Fixos" - um pouco de regulamentação emitida pela primeira vez em 2016.

A repressão maciça do país contra moedas como Bitcoin e Ethereum, que são difíceis de regular, prepara o cenário para a moeda do banco central do estado: o yuan digital. A China está atualmente testando a moeda, que a partir de ontem pode ser convertida em fiat por mais de $XNUMX milhões e 3.000 caixas eletrônicos em Pequim.

Dada a profunda influência da China sobre a criptografia e o valor de mercado, a queda de hoje poderia reformular seriamente a indústria de mineração Bitcoin como a conhecemos.

# Conclusão

Você já deve ter uma boa idéia de como conduzir sua própria avaliação de risco quando se trata de investir em moedas criptográficas. E, antes de começar, certifique-se de ter um plano, faça suas pesquisas e esteja ansioso para aprender o valor da moeda em que deseja investir.

Uma das regras mais importantes de investimento é educar-se sobre o hype antes de começar. Em vez de pagar pelo lucro de outra pessoa com a próxima bomba e esquema de despejo, certifique-se de que seu investimento seja calculado.

E, se você quiser obter lucros enormes com o comércio diário, ganhando dinheiro real com os esquemas de bombas e lixeiras mencionados anteriormente, certifique-se de obter uma fonte de informação confiável. Existem numerosos grupos de investimento gratuitos e pagos que podem lhe fornecer uma visão sólida sobre moedas com alto potencial de negociação a curto prazo.

Se você gosta do som de uma abordagem de alto risco e alta recompensa para as moedas criptográficas, a negociação de Futuros de Binácias pode ser uma opção.

Diga-nos o que pensa do livro, e se ele se mostrou útil, por favor deixe-nos uma resenha para que outros também possam se beneficiar.

Obrigado por ler nosso livro, e boa sorte com seus investimentos futuros!

# Seu livro GRATUITO

Se você quiser fazer um começo lucrativo no mundo da moeda criptográfica, certifique-se de baixar nosso bônus gratuito com **12 dicas extremamente valiosas para iniciantes!**

Com este livro e estas dicas, você terá a garantia de começar bem com seus investimentos futuros!

**Cadastre-se aqui para ter acesso instantâneo e dar o pontapé inicial para o sucesso de seu criptograma:**

https://campsite.bio/stellarmoonpublishing

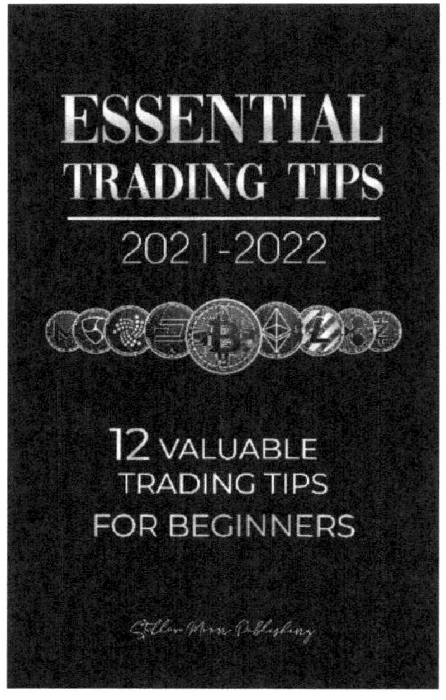

# Nossos livros

Confira nosso outro livro para saber mais sobre NFTs, NFT trading and selling, como obter lucro e dicas e estratégias essenciais para um início à prova de falhas no universo NFT.

Junte-se ao exclusivo Stellar Moon Publishing Circle, você terá acesso imediato a **12 Dicas de Criptografia Extremamente Valiosas**!

Além disso, você também terá acesso instantâneo à nossa lista de correio com atualizações de nossos especialistas a cada semana!

**Inscreva-se aqui hoje:**

Nosso Curso de Negociação de

Especialistas em Cripto

*Você está procurando uma nova maneira de investir?*

*Você está procurando ganhar algum dinheiro?*

*Interessado em investir mas não sabe por onde começar?*

**Você quer iniciar suas negociações criptográficas com o conhecimento de especialistas de renome em finanças e investimentos?**

O Curso de Negociação Especializada em criptografia é o curso mais abrangente sobre negociação e investimento com moedas criptográficas. Você aprenderá como negociar em apenas alguns minutos por dia. Nós ensinamos tudo desde análise técnica, gerenciamento de risco, e muito mais.

**Nosso objetivo é ajudá-lo a tornar-se um comerciante de sucesso para que seu futuro financeiro possa ser seguro.**

Investir nunca foi tão fácil com nosso plano passo a passo que ensina os iniciantes a negociar como um especialista - com o potencial de obter enormes lucros!

A melhor parte deste curso é ensinada por especialistas. Então, do que você está esperando? Comece hoje mesmo!

**Para mais informações, visite este link:**

https://payhip.com/b/ork8N